Gedächtnistraining für Senioren

Gehirnschmalz Profi´s

Alle Ratschläge in diesem Buch wurden vom Autor und vom Verlag sorgfältig erwogen und geprüft. Eine Garantie kann dennoch nicht übernommen werden. Eine Haftung des Autors beziehungsweise des Verlags für jegliche Personen-, Sach- und Vermögensschäden ist daher ausgeschlossen.
Gedächtnis kennt kein Alter: Ein effektives Praxisbuch mit abwechslungsreichen Gedächtnisübungen für Senioren
Copyright © 2020 Gehirnschmalz Profi´s
Alle Rechte, insbesondere das Recht der Vervielfältigung und Verbreitung der Übersetzung, vorbehalten. Kein Teil des Werkes darf in irgendeiner Form (durch Fotokopie, Mikrofilm oder ein anderes Verfahren) ohne schriftliche Genehmigung des Verlages reproduziert oder unter Verwendung elektronischer Systeme gespeichert, verarbeitet, vervielfältigt oder verbreitet werden.

Auflage 2020
ISBN: 979-8-6963-0914-9

Die Gehirnschmalz Profi´s

Liebe Gedächtnissportler/ -innen,

wir sind ein interdisziplinäres Team aus dem Bereich der Psychologie und haben es uns zur Aufgabe gemacht, Sie im Alter geistig fit zu halten. In diesem Zusammenhang haben wir die Marke "**Gehirnschmalz Profi's**" ins Leben gerufen.

Wir bauen unser Förder- und Trainingsprogramm stetig für Sie aus. Um keine neuen Bücher zu verpassen, folgen Sie uns auf Amazon. Den „Folgen" Button finden Sie bequem auf unserer Produktseite. Oder wählen Sie einfach unseren Namen nach Eingabe in der Suchleiste auf Amazon.de aus. Hierüber gelangen Sie auf unsere Verlagsseite. Auf dieser Seite finden Sie zudem weitere Bücher von uns.

Nun aber genug zu uns. Kümmern wir uns auf den folgenden Seiten um Ihr geistiges Wohlbefinden, damit die Rentenzeit möglichst lange einer der schönsten Lebensabschnitte bleibt.

In diesem Sinne, viel Spaß beim Rätseln und Knobeln!
Ihre,

Gehirnschmalz Profi's

INHALT

Ein Einstieg ins Gedächtnistraining 1

Um die Ecke denken mit Kreuzworträtseln 7

Ist doch logisch, oder?.....25

Knobel-Geschichten, die Logik erfordern…………......50

Das große Quiz der Allgemeinbildung 55

Den Fokus richten ……….91

Wörter und Buchstaben im Visier……………......98

Was wären wir ohne Sprache? 102

Schatzkammer der Erinnerungen 121

Aktivierung des Kurzzeitgedächtnisses 145

Die Kunst des Multitaskings 160

Ein bisschen Spaß muss sein 178

Auflösungen:

Um die Ecke denken mit Kreuzworträtseln 186

Ist doch logisch, oder? 195

Knobel-Geschichten, die Logik erfordern 217

Das große Quiz der Allgemeinbildung 221

Den Fokus richten 227

Wörter und Buchstaben im Visier 232

Was wären wir ohne Sprache? ... 238

Schatzkammer der Erinnerungen 250

Aktivierung des Kurzzeitgedächtnisses   268

Die Kunst des Multitaskings 276

Ein bisschen Spaß muss sein...... 288

Quellenverzeichnis 290

Ein Einstieg ins Gedächtnistraining

Herzlich Willkommen liebe Senioren und Seniorinnen! Wie schön, dass Sie sich dazu entschieden haben, eigenständig Verantwortung für Ihre geistige Gesundheit zu übernehmen. Dieses Buch wird Ihnen dabei garantiert ein treuer Begleiter sein und legt den Fokus ganz gezielt auf das Gedächtnis – ein Thema, das vor allem Menschen im fortgeschrittenen Alter beschäftigt, obwohl es uns alle betrifft. Menschen sind tagtäglich unzählig vielen Reizen ausgesetzt. Wir sehen, hören, riechen, schmecken, geben uns die Hände und empfinden gleichzeitig bei jeder Handlung Emotionen. Dass wir dabei nicht völlig überfordert sind, haben wir unserem Gedächtnis zu verdanken (vgl. 5).

Es filtert ständig alle unsere Eindrücke im Alltag und stellt sicher, dass die wichtigen zu späteren Zeitpunkten wieder abrufbar sind (vgl.4). Ohne unser Gedächtnis würde unser Bewusstsein außerdem nur aus etlichen Einzelteilen bestehen, die nicht miteinander in Verbindung gebracht werden könnten. Worte, Gedanken, Gefühle und Erinnerungen wären ein einziges Chaos, über welches unmöglich ein sinnvoller Überblick behalten werden würde (vgl.1).

Doch was genau ist das Gedächtnis eigentlich? Grundsätzlich handelt es sich um ein komplexes System, das sich in drei verschiedene Formen einteilen lässt. Das sensorische Gedächtnis speichert alle möglichen Wahrnehmungen, allerdings nicht länger als zwei Sekunden (vgl.2). So ist es uns beispielsweise möglich, angesagte Zahlen einer Telefonnummer zu notieren. Meistens verblassen diese Eindrücke jedoch augenblicklich, da bereits neue Reize eintreffen (vgl. 3). Dennoch werden vereinzelte Informationen als so wichtig eingestuft, dass sie ins Kurzzeitgedächtnis gelangen. Das ermöglicht es uns unter anderem, sinnvolle Gespräche zu führen (vgl. 1). Es heißt, dass sich hier etwa sieben Eindrücke für zwanzig Minuten gemerkt werden können. Sobald jedoch neue Gedanken relevant genug werden, vergisst das Kurzzeitgedächtnis die zuvor gespeicherten Informationen wieder – außer, diese erscheinen dem Gehirn sogar wichtig genug, um dauerhaft im Langzeitgedächtnis gespeichert zu werden (vgl. 2). Dazu gehören neben dem typischen Faktenwissen und unserem Wortschatz beispielsweise auch Inhalte der eigenen Lebensbiografie und unbewusst ablaufende Fähigkeiten, wie etwa Laufen oder Fahrrad fahren (vgl. 1/3).

Dass das Gedächtnis uns ab und zu einmal im Stich lässt, ist noch lange kein Grund zur Sorge. Jeder vergisst einmal, was er sagen wollte, ist nicht sicher, ob das Auto abgeschlossen wurde oder kommt einfach nicht auf den einen ganz bestimmten Namen eines Bekannten. Doch gerade im Alter verfällt so manch einer bei Vorfällen dieser Art schnell in Panik. Der Grund dafür ist kein Geheimnis: Die Vorstellung, an einer Demenz zu erkranken, ist furchterregend. Es ist wahr, dass das Kurzzeitgedächtnis im höher werdendem Alter nachlässt (vgl. 3). Das hängt mit natürlichen Abbauprozessen von Hirnmasse ab dem 50. Lebensjahr zusammen (vgl. 7). Es stimmt ebenso, dass eine Demenz sich durch geistige Aktivität nicht vollkommen verhindern oder heilen lässt, da viele weitere, unter anderem genetische Faktoren eine Rolle spielen. Doch das bedeutet noch lange nicht, dass es unmöglich ist, dagegen anzugehen! Genau wie der Körper, kann auch der Geist fit gehalten werden und im Gegensatz zur Alzheimer-Erkrankung kann eine Demenz tatsächlich durch regelmäßiges Gehirntraining hinausgezögert werden (vgl. 6). Ein gutes Gedächtnis im Alter sichert Ihnen Selbstständigkeit und Flexibilität im Alltag, womit Sie garantiert beeindrucken und vor allem ein stabiles Selbstbewusstsein haben werden: Die Einkaufsliste darf ruhig einmal zu Hause bleiben, Ihre Telefonnummer können Sie auswendig und Geburtstage vergessen Sie nie. Darüber hinaus bleiben Sie stets ein wertvoller Gesprächspartner für interessanten Austausch und Sie können um einiges leichter Neues dazulernen. Hört sich gut an, oder nicht?

Inwiefern die folgenden Übungen Ihnen dabei helfen werden, die Gedächtnisleistung aufrechtzuerhalten, lässt sich ganz simpel erklären: Zum einen wird das Gehirn, ähnlich wie bei körperlicher Aktivität, auch bei geistiger Herausforderung stärker durchblutet. Dadurch werden Vorgänge wie die Weiterleitung elektrischer Signale im Nervensystem optimiert (vgl. 8). Darüber hinaus dürfen Sie sich das Gedächtnis wie ein Netz vorstellen, das sich aus über 100 Milliarden Nervenzellen zusammensetzt. Erinnerungen entsprechen jeweils einem bestimmten Zusammenschluss dieser Zellen. Je öfter eine Information abgerufen wird, desto besser wird die Verbindung zwischen den Zellen, sprich: Die Erinnerungen werden leichter abrufbar (vgl. 1). Gleichzeitig werden sogar andere Einheiten von Nervenzellen gestärkt, sodass auch andere Informationen schneller zugänglich werden (vgl. 5). Darüber hinaus werden sich Dinge besser gemerkt, wenn diese mit hoher emotionaler Beteiligung einhergehen (vgl. 1). Lernen ist dementsprechend nicht ein rein theoretischer Vorgang. Ihre Gefühle sollten ebenfalls mit einfließen. Aus diesem Grund ist in diesem Buch jede Menge Raum für Spaß, Abwechslung, Kreativität, persönliche Erfahrungen und Erfolgserlebnisse geschaffen worden. Die Übungen sind speziell auf Senioren zugeschnitten. Demnach werden Sie gefordert, ohne überfordert zu werden und Sie werden schon bald überrascht davon sein, wie viel Sie noch auf dem Kasten haben! Oftmals ist der Umfang des Gedächtnisses nämlich keine Frage des Alters, sondern der Übung. Dabei ist vor allem die Regelmäßigkeit des Trainings wichtig (vgl. 9). Es gilt, dies jedoch nicht mit pausenlosem Knobeln zu verwechseln. Um nachhaltig Leistungssteigerungen im Alltag zu sehen, ist es mindestens genauso wichtig, Ihrem Denkapparat ausreichend Ruhe zwischen den Trainingseinheiten zu verschaffen. Vor allem während des Schlafs ist es dem Gehirn ohne Reizeinwirkung möglich, neue Erkenntnisse mit bereits vorhandenen Erinnerungen zu verknüpfen und die Nervenketten zu stärken (vgl. 2). Um Kontinuität und Spaßfaktor beizubehalten, können Sie viele der Übungen auch mit Freunden oder Familienmitgliedern durchführen. So bleiben Sie mit Sicherheit am Ball und werden schon bald spürbare Veränderungen erleben: Probleme werden schneller gelöst, Unsicherheiten sind Schnee von gestern und der Verdacht einer Demenz kommt gar nicht erst in Frage. Lassen Sie sich nicht unterkriegen, wenn das Lösen der Aufgaben nicht immer direkt auf Anhieb klappt. Akzeptieren Sie Ihre eigene Geschwindigkeit und erlauben Sie sich zur Not einen Blick in die Lösungen, die zu jeder Übung am Ende des Buchs zu finden sind. In diesem Sinne: Viel Spaß und Erfolg beim Knobeln, liebe Senioren und Seniorinnen!

Um die Ecke denken mit Kreuzworträtseln

Wahrscheinlich hat jeder von uns sich schon einmal an einem Kreuzworträtsel versucht. Schließlich sind diese bereits seit etwa 100 Jahren in etlichen Zeitschriften zu finden. Das allererste Rätsel dieser Art wurde 1913 in der "New York World" gedruckt. Etwa zehn Jahre später erschien in der Berliner Illustrierten das erste Kreuzworträtsel im deutschsprachigen Raum (vgl. 10). Es handelt sich dabei jedoch nicht um reinen Zeitvertreib.

Amerikanische Wissenschaftler haben bereits vor vielen Jahren nachgewiesen, dass die sprachlichen Kompetenzen im

Alter länger bestehen bleiben, wenn die Gewohnheit gepflegt wird, jeden Tag Kreuzworträtsel zu lösen (vgl. 11). Das macht in Hinblick darauf, dass der persönliche Wortschatz regelmäßig aufgefrischt und ergänzt wird, natürlich Sinn. Automatisch fällt es leichter, sich sprachlich auszudrücken (vgl. 12). Allerdings scheint sogar das Bewusstsein für korrekte Grammatik positiv beeinflusst werden. So lauten die Ergebnisse einer Studie der Exeter Universität mit ganzen 17.000 Versuchsteilnehmern. Im Rahmen dieser wurde ebenso festgestellt, dass die kognitiven Fähigkeiten nicht nur in Hinblick auf Sprache gestärkt werden. So würde beispielsweise das Kurzzeitgedächtnis ebenfalls von den Schwedenrätseln profitierten (vgl. 13). Diese Erkenntnisse decken sich mit jenen aus den Fachkreisen Englands. Hier sind Experten sogar zu dem Schluss gekommen, dass routiniertes Worträtseln das Hirn bis zu zehn Jahre im Vergleich zu dem von Gleichaltrigen verjüngen kann (vgl. 11). Ist das nicht erstaunlich? Des Weiteren wird zweitrangig die Allgemeinbildung durch das Abfragen von Fakten gefördert und wer durch Übung zum Kreuzworträtsel-Meister wird, hat in vielen Zeitungen sogar die Chance auf einen Gewinn (vgl. 12). Es lohnt sich also alle

Male, sich hin und wieder auf die Herausforderung einzulassen und sich in diesen tiefen Zustand der Konzentration zu begeben. Völlig unabhängig von Zeit und Ort stehen Ihnen die folgenden Rätsel jederzeit zur Verfügung, solange Sie einen Kugelschreiber parat haben. Bedenken Sie bitte, dass "ß" zu "SS" und "Ä, Ö, Ü" zu "AE, OE, UE" werden. Am besten arbeiten Sie sich der Reihenfolge nach durch, da die Schwierigkeit sich zunehmend steigert.

RÄTSEL 1
Schwierigkeitsgrad

1) Wie heißt das Schulfach, in dem gerechnet wird?
2) Welche Abkürzung wird für den Bereich genutzt, in dem ohne Kleidung gebadet wird?
3) Nicht positiv, nicht negativ, sondern...
4) An welchem christlichem Fest werden Eier bemalt?
5) Wie heißt die schmerzhafte Erkrankung, bei der die Gelenke entzündet sind?

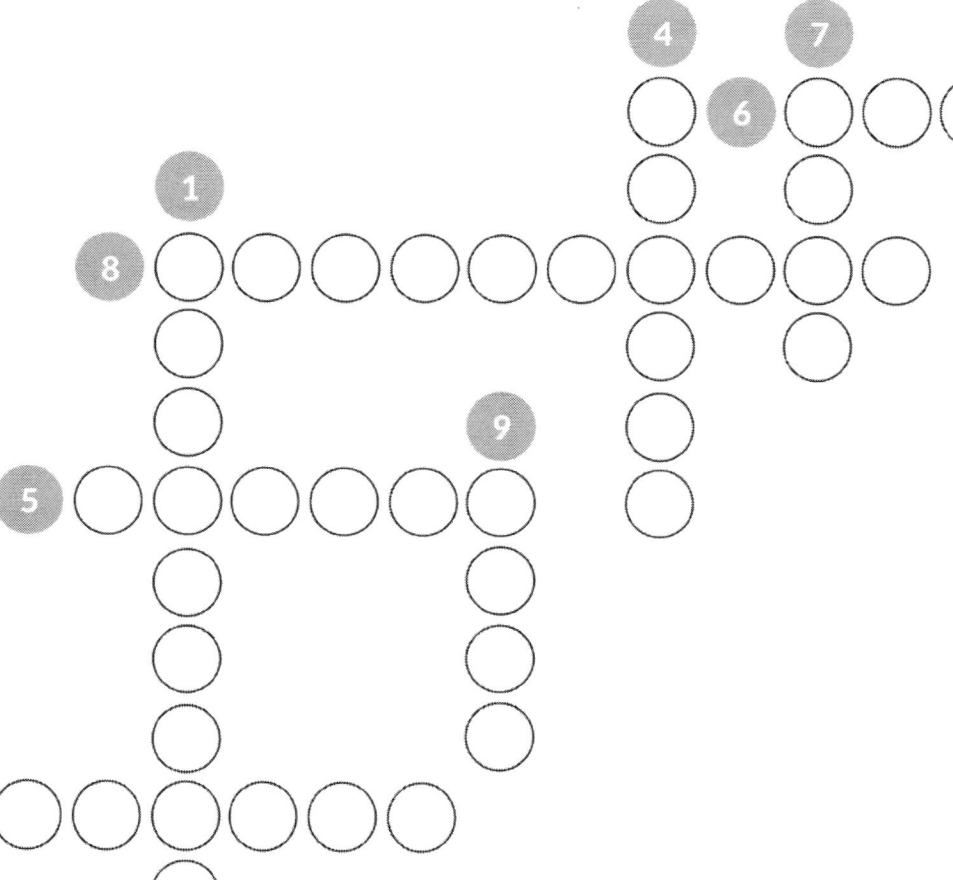

6) Wie nennt man die Kopfbedeckung, die Schutz bietet?
7) Welches ist ein beliebtes Haustier?
8) Wie lautet das Gegenteil von höchstens?
9) Welcher Beruf setzt hohe medizinische Fachkenntnis voraus?
10) Wie bezeichnet man eine Melodie, die einem nicht aus dem Kopf geht?

Lösung S. 186

RÄTSEL 2
Schwierigkeitsgrad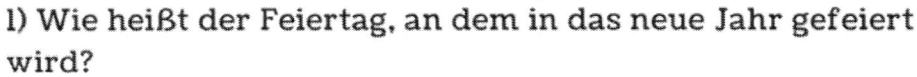

1) Wie heißt der Feiertag, an dem in das neue Jahr gefeiert wird?
2) Welches Tier hat einen besonders langen Hals?
3) Wie heißt die Hauptstadt von Griechenland?
4) Welches Instrument hat sechs Saiten?
5) Welcher Baum ist durch eine helle Rinde gekennzeichnet?

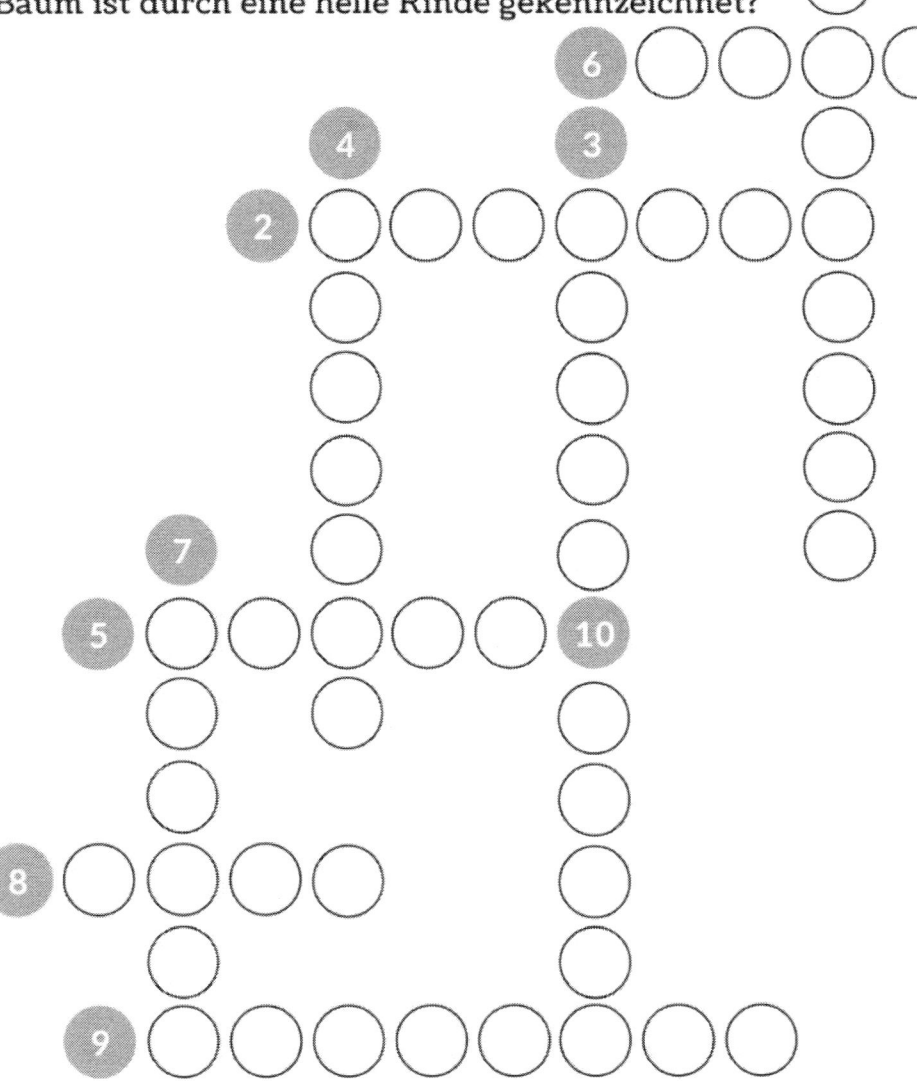

6) Eine Farbe der deutschen Nationalflagge ist...
7) Was ist ein Synonym für "talentiert"?
8) Wie nennt man das gelbe Kolbengetreide?
9) Worin werden persönliche Erinnerungen festgehalten?
10) Welcher Fluss fließt durch Europa und ist gleichzeitig der zweitlängste Europas?

Lösung S. 187

RÄTSEL 3
Schwierigkeitsgrad ★

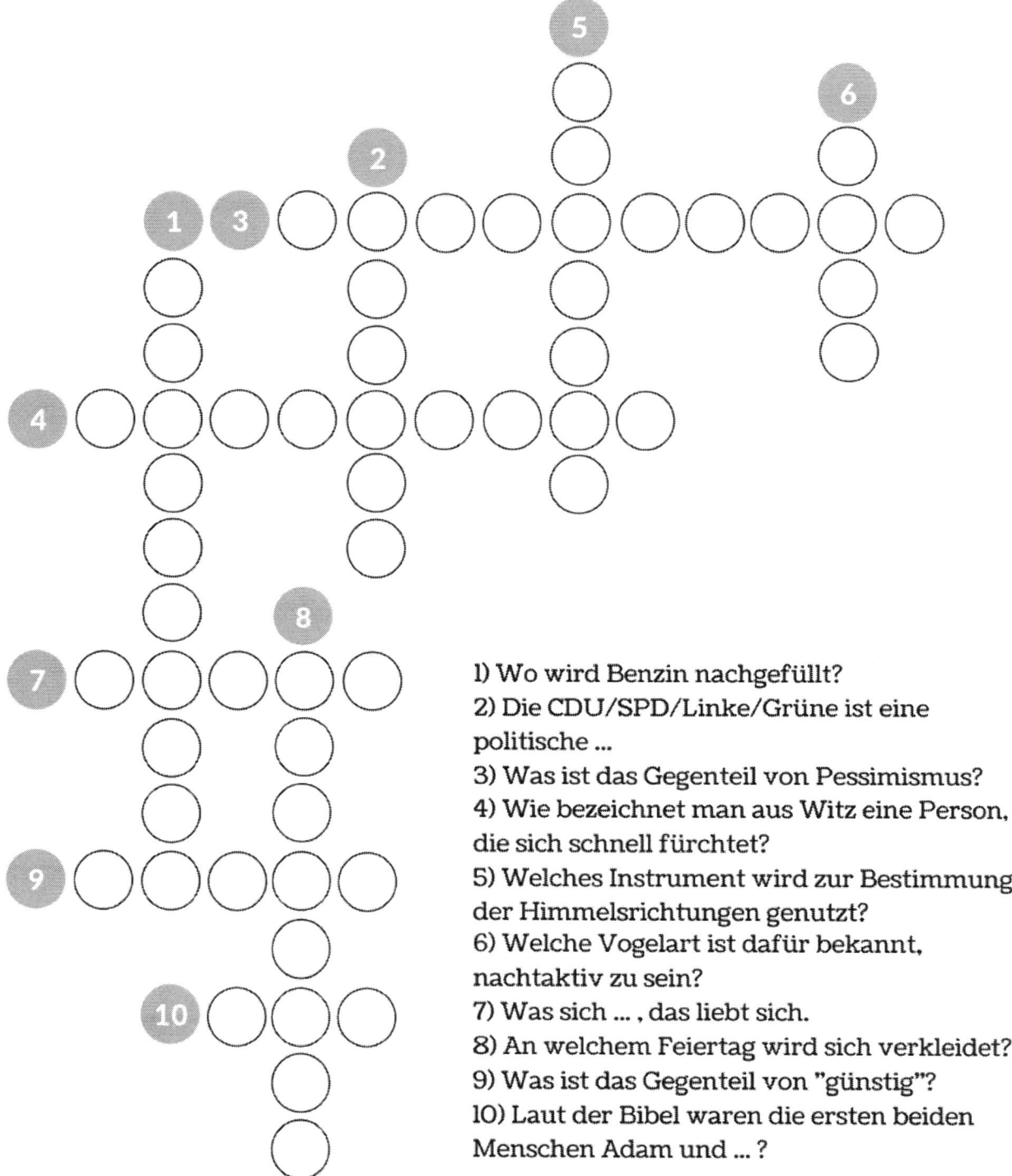

1) Wo wird Benzin nachgefüllt?
2) Die CDU/SPD/Linke/Grüne ist eine politische ...
3) Was ist das Gegenteil von Pessimismus?
4) Wie bezeichnet man aus Witz eine Person, die sich schnell fürchtet?
5) Welches Instrument wird zur Bestimmung der Himmelsrichtungen genutzt?
6) Welche Vogelart ist dafür bekannt, nachtaktiv zu sein?
7) Was sich ... , das liebt sich.
8) An welchem Feiertag wird sich verkleidet?
9) Was ist das Gegenteil von "günstig"?
10) Laut der Bibel waren die ersten beiden Menschen Adam und ... ?

Lösung S. 187

RÄTSEL 4
Schwierigkeitsgrad ★★

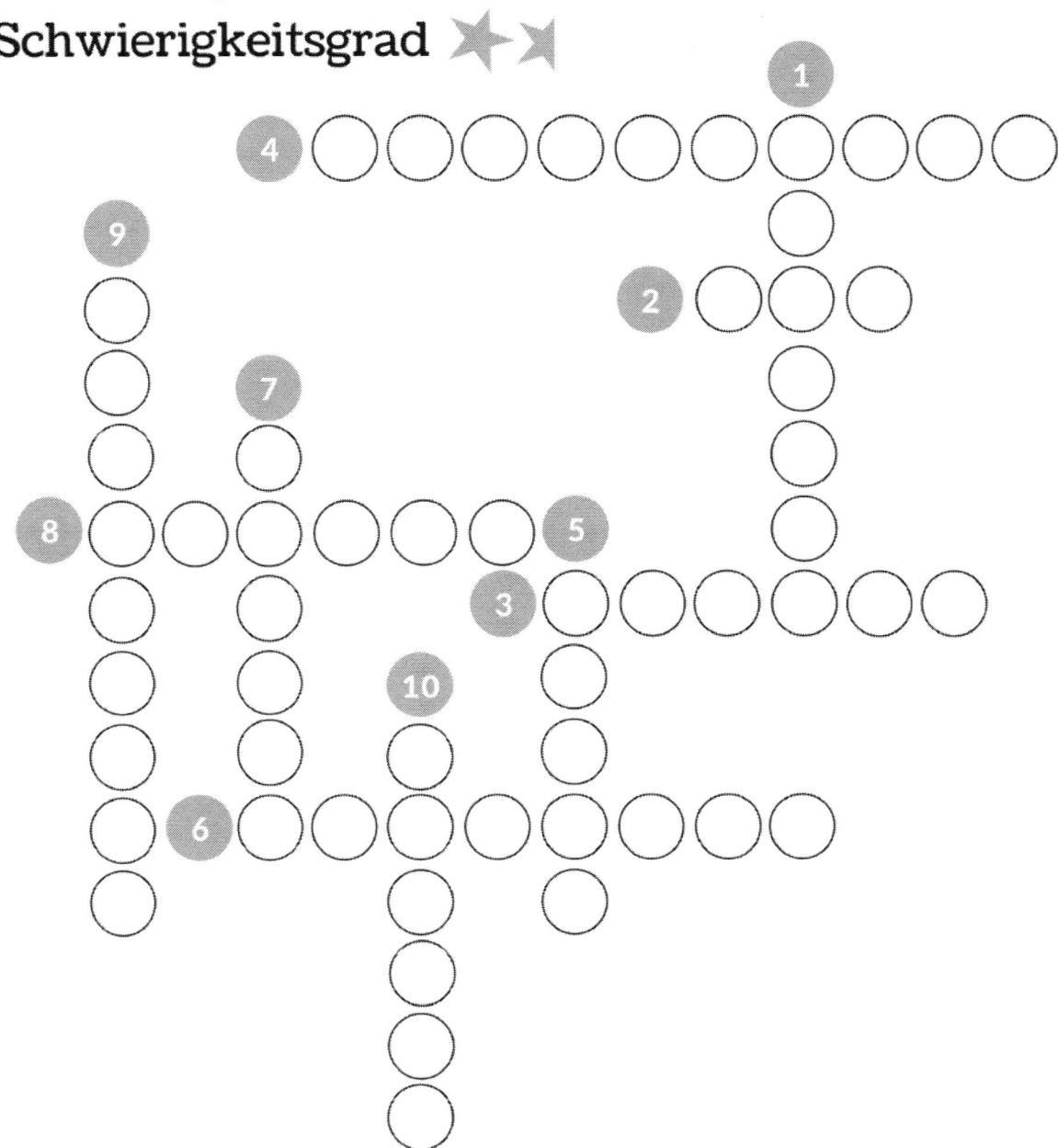

1) Wie heißt der Facharzt für die Harnorgane und die männlichen Geschlechtsorgane?
2) Ein altes Kirchengebäude nennt man auch?
3) Unter welchem Begriff werden die Wochen vor Heiligabend zusammengefasst?
4) Gesucht wird eine Stadt in Nordrhein-Westfalen?
5) Welcher Vogel fehlt in dem Liedtext "..., Drossel, Fink und Star?"
6) Welche Erkrankung wird im Volksmund auch "Zuckerkrankheit" genannt?
7) Gesucht wird ein Frauenname.
8) Welcher Facharzt operiert?
9) Welche ist die Hauptstadt von Schweden?
10) Wie lautet das Gegenteil von "aktiv"?

Lösung S. 188

RÄTSEL 5
Schwierigkeitsgrad ⭐⭐

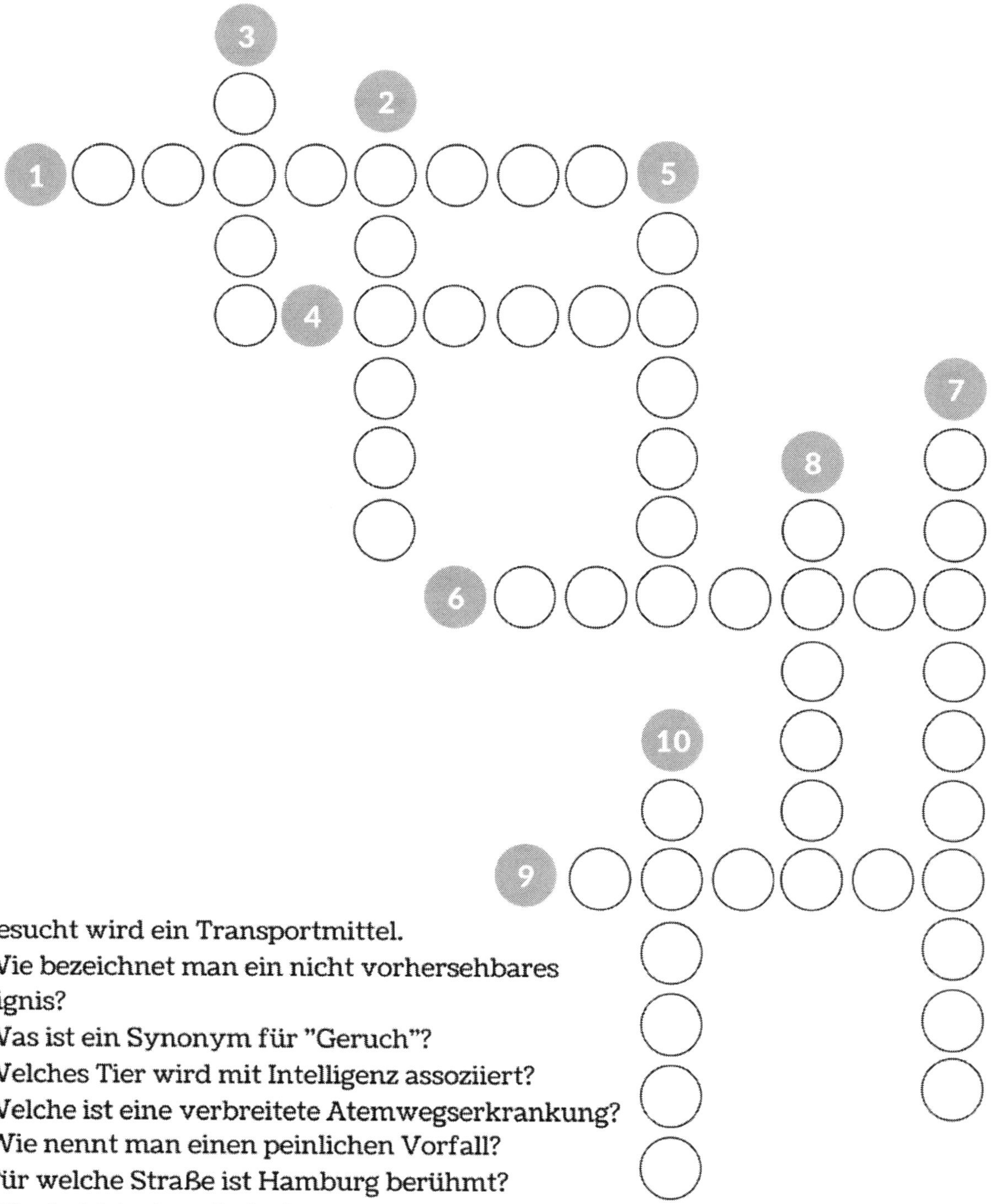

1) Gesucht wird ein Transportmittel.
2) Wie bezeichnet man ein nicht vorhersehbares Ereignis?
3) Was ist ein Synonym für "Geruch"?
4) Welches Tier wird mit Intelligenz assoziiert?
5) Welche ist eine verbreitete Atemwegserkrankung?
6) Wie nennt man einen peinlichen Vorfall?
7) Für welche Straße ist Hamburg berühmt?
8) Was bricht, aber die Liebe nicht?
9) Welche ist die Hauptstadt von Kroatien?
10) Welcher Disney-Charakter lebt mit seiner Gefährtin Jane im Urwald?

Lösung S. 188

RÄTSEL 6
Schwierigkeitsgrad ★★

1) Welcher Kreuzblütler wird gerne im Winter gegessen?
2) Gesucht wird ein Küchengerät.
3) Was ist ein Synonym für "häufig"?
4) Wie nennt man Menschen, die kein Fleisch essen?
5) Was ist ein Bestandteil jeder analogen Uhr?
6) Welche ist die meist verbreiteste Religion in Deutschland?
7) Wie heißt die Hauptstadt von England?
8) In welchem Beruf gehen die Ausübenden weiterhin zur Schule?
9) Gesucht wird ein Sternzeichen.
10) Welche ist eine beliebte Speise im Sommer?

Lösung S. 189

RÄTSEL 7
Schwierigkeitsgrad ★★

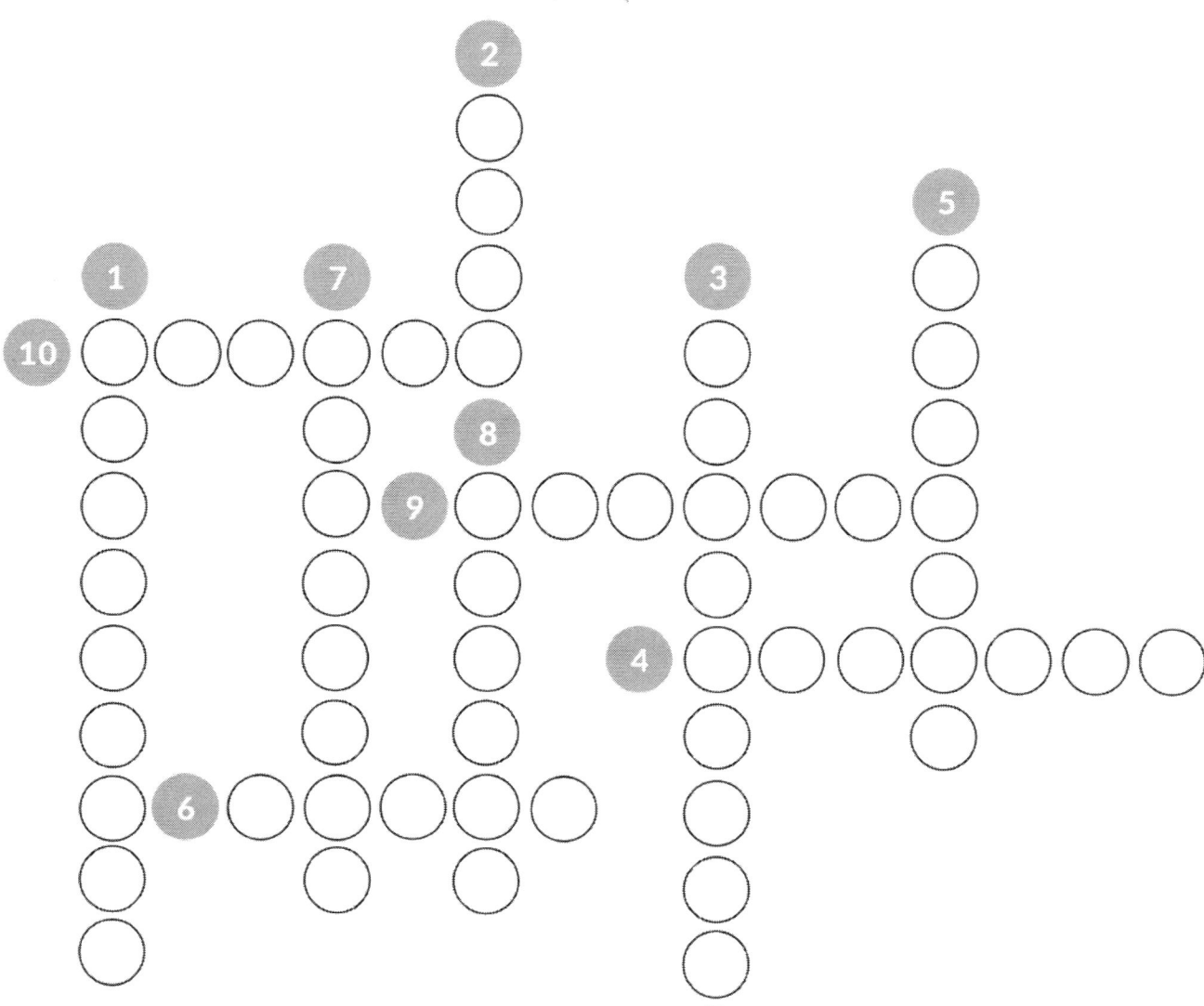

1) Welchen süßen Brotaufstrich gibt es in vielen verschiedenen Geschmacksrichtungen?
2) Was ist ein Synonym für "vielfarbig"?
3) Jemand, der sich begeistert für etwas einsetzt, zeigt ...
4) Welche Art von Text ist in der Regel durch Reime gekennzeichnet?
5) Welche italienische Stadt wird auch "die Stadt auf dem Wasser" genannt?
6) Wie nennt man den Dunst, der bei feuchter Wetterlage die Sicht trübt?
7) Wofür steht die Abkürzung "ABC"?
8) Wer sportlich in erhöhtem Tempo laufen geht, geht ...
9) Wie nennt man die Fertigkeit, mehrere Gegenstände gleichzeitig spielerisch zu werfen und aufzufangen?
10) Ein berühmter Musiker der Klassik heißt ...

Lösung S. 189

RÄTSEL 8
Schwierigkeitsgrad

1) Was ist das Gegenteil von einer Lüge?
2) Gesucht wird eine Fischsorte.
3) Was bedeutet das gelb-weiße Vekehrsschild in der Form eines Dreiecks?
4) Wie nennt man eine zusammenlebende Gemeinschaft, die Gesetze und Kultur miteinander teilen?
5) Wie sagt man "Danke dir" auf Englisch?

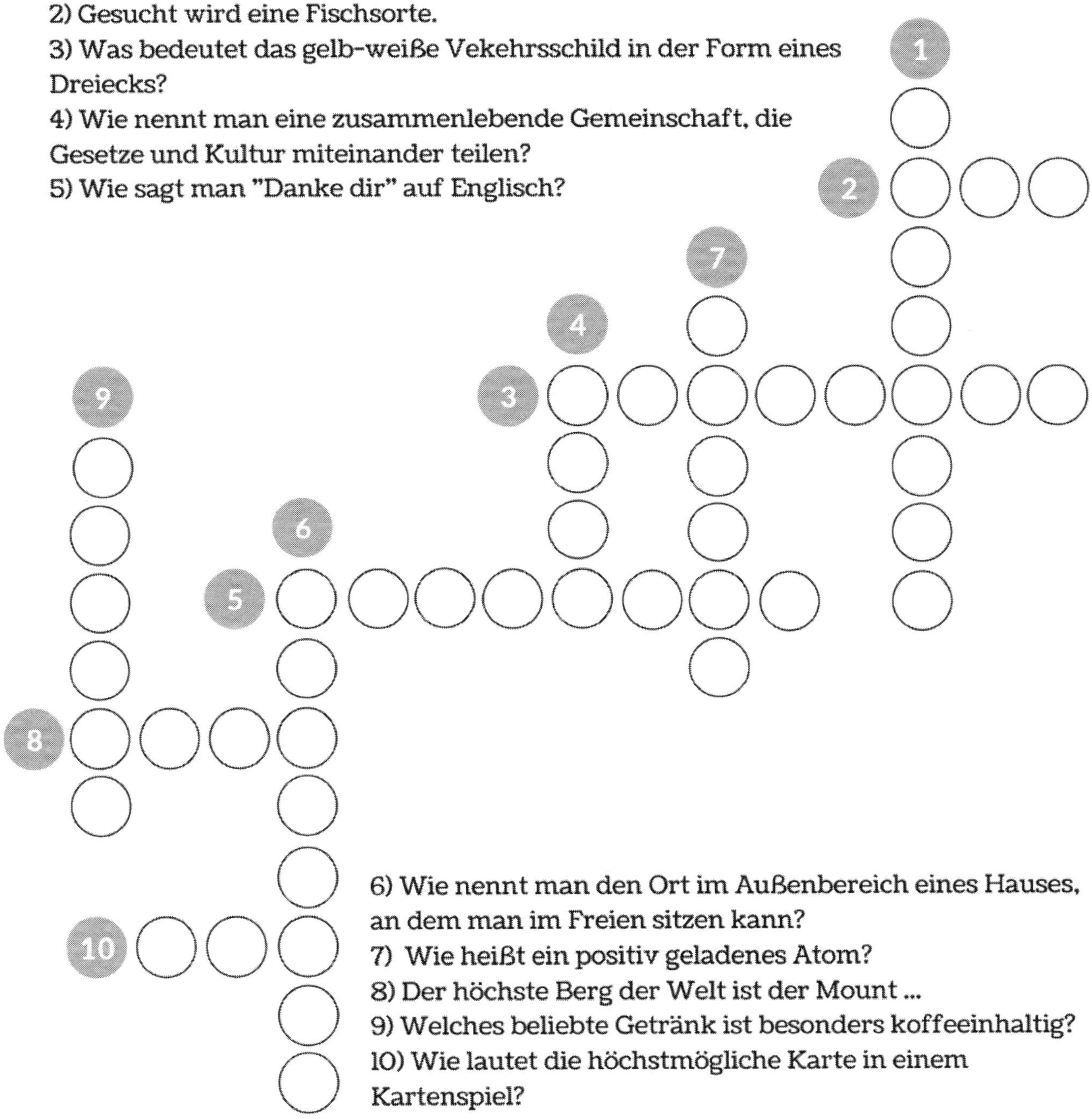

6) Wie nennt man den Ort im Außenbereich eines Hauses, an dem man im Freien sitzen kann?
7) Wie heißt ein positiv geladenes Atom?
8) Der höchste Berg der Welt ist der Mount ...
9) Welches beliebte Getränk ist besonders koffeeinhaltig?
10) Wie lautet die höchstmögliche Karte in einem Kartenspiel?

Lösung S. 190

RÄTSEL 9

Schwierigkeitsgrad ★★★

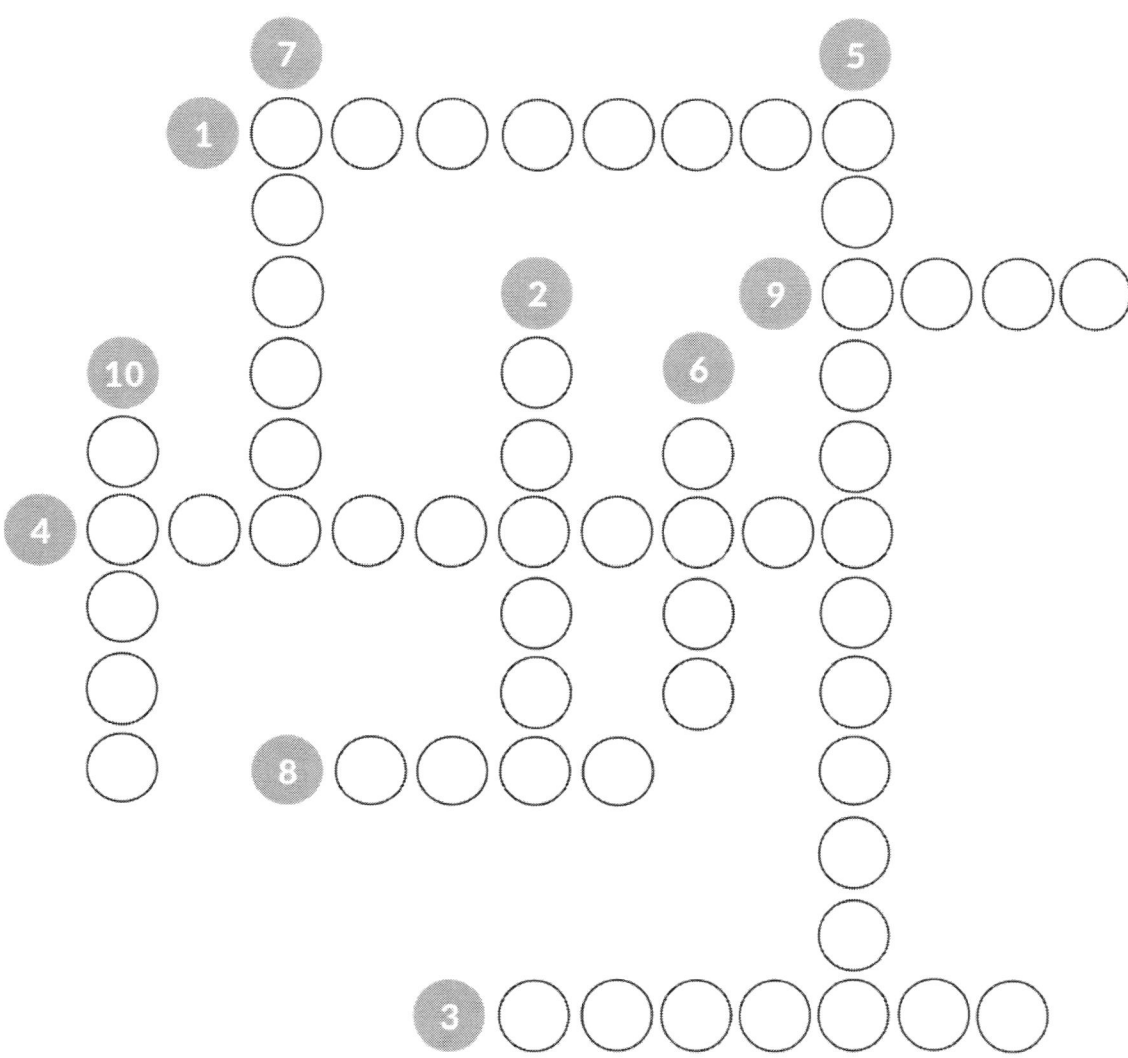

1) Gesucht wird ein Sternzeichen.
2) Wenn die Stimme fast tonlos ist, ist sie ...
3) Unter welchen Begriff wird ein halbes Jahr Studienzeit an der Universität zusammengefasst?
4) Welche der großen Weltreligionen ist vor allem in Asien verbreitet?
5) Was ist ein Synonym für "Titel"?
6) Mit welchem Wort endet ein Gebet?
7) Wie heißt der Lebensabschnitt zwischen Kindheit und Erwachsenenalter?
8) Wie lautet die männliche Anrede?
9) Was ist das Gegenteil von "rebellisch"?
10) Wie heißt ein ehemaliger Präsident der USA?

Lösung S. 190

RÄTSEL 10
Schwierigkeitsgrad ★★★

1) Welche ist eine beliebte Sehenswürdigkeit in Paris?
2) Was ist ein Synonym für "Unverträglichkeit"?
3) Was sind Almosen?
4) Wie nennt man einen Außerirdischen?
5) Wie heißt ein tragbarer Computer?
6) Wie nennt man ein modernes Mobiltelefon?
7) Welcher Fernsehsender wird gesucht?
8) Wie lautet ein anderer Begriff für "sandfarben" bzw. ein helles Braun?
9) Gesucht wird ein Gemüse.
10) Wer war die erste weibliche Bundeskanzlerin in Deutschland?

Lösung S. 191

RÄTSEL 11

Schwierigkeitsgrad ★★★

Gesucht werden Obstsorten!

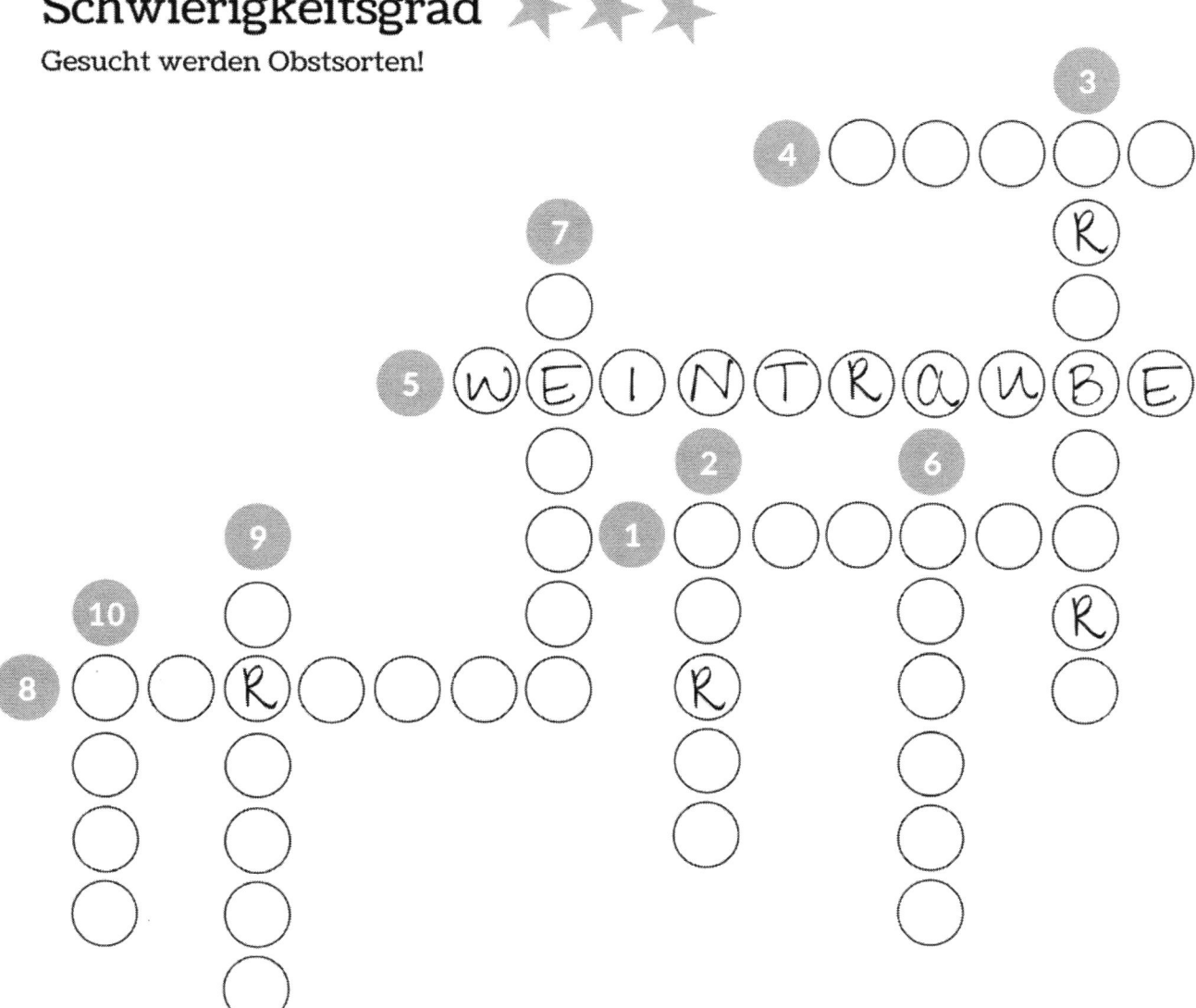

Lösung S. 191

RÄTSEL 12

Schwierigkeitsgrad ★★★

Gesucht werden Berufe!

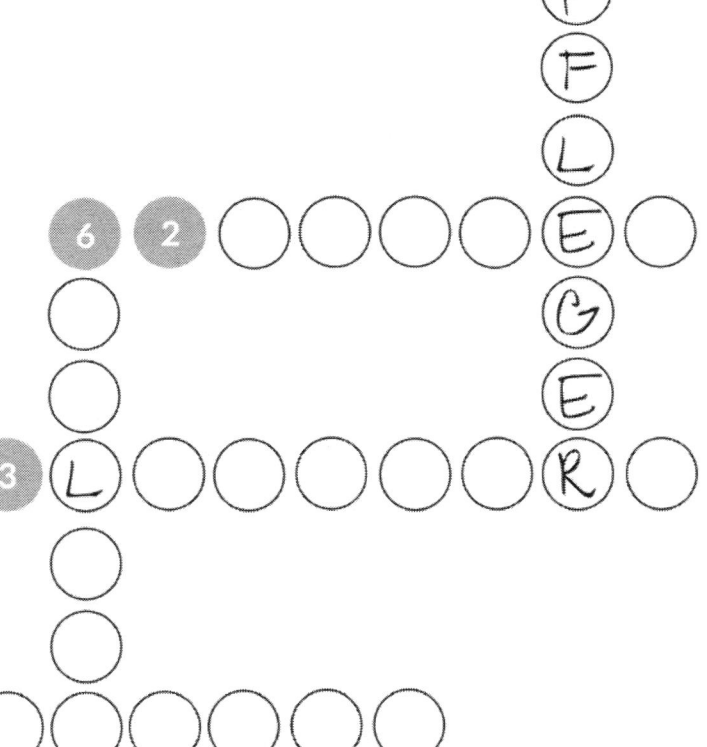

Lösung S. 192

RÄTSEL 13

Schwierigkeitsgrad ★★★

Gesucht werden Länder in Europa!

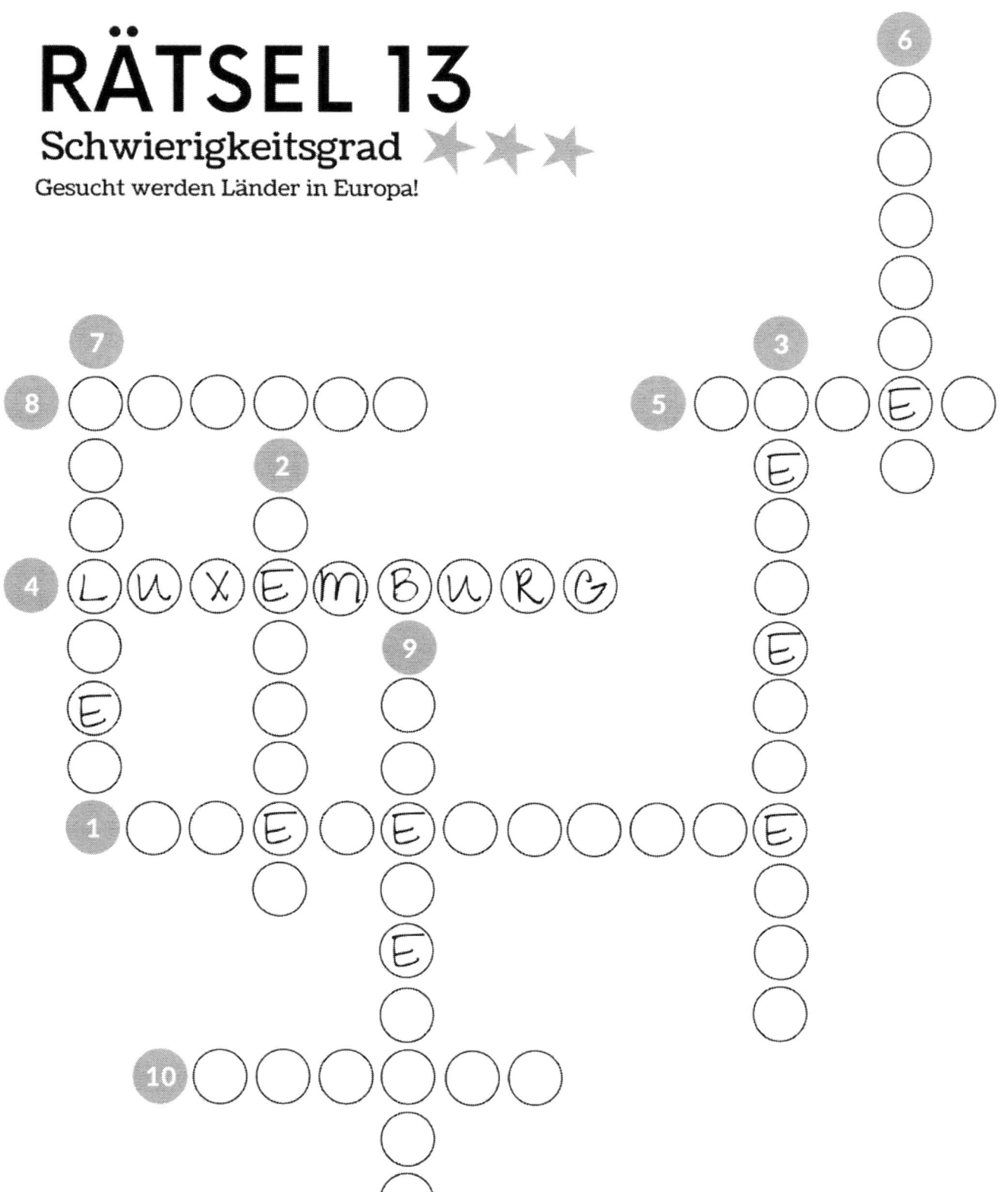

Lösung S. 192

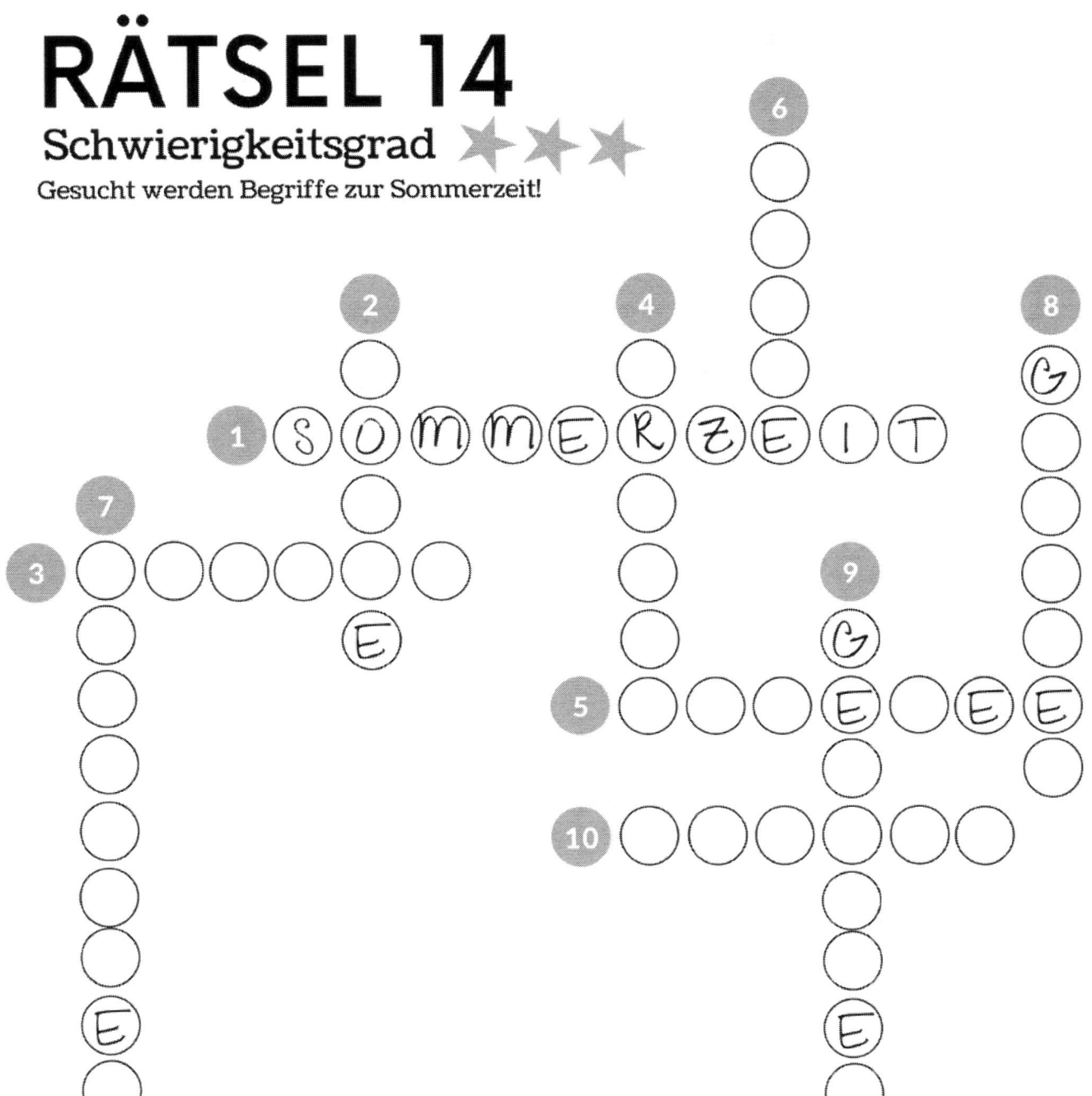

RÄTSEL 15
Schwierigkeitsgrad ★★★
Gesucht werden Gemüsesorten!

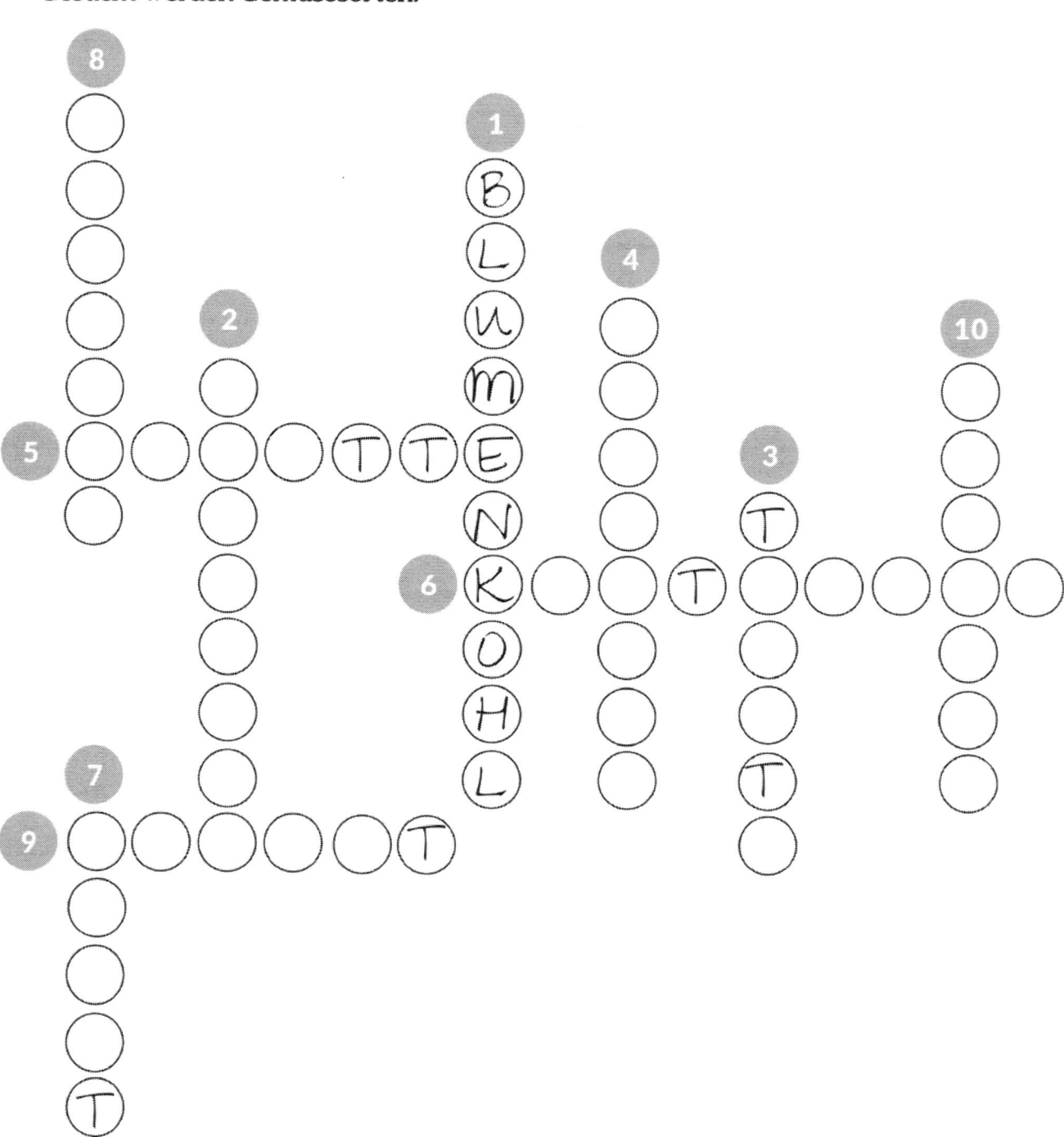

Lösung S. 193

Ist doch logisch, oder?

Als Nächstes folgen ganze 30 Rätsel, die auf verschiedenste Art und Weise Ihren logischen Verstand auf die Probe stellen. Die Aufgaben sind sowohl sprach- als auch zahlen- und grafikbezogen und lassen sich ausschließlich durch vernetztes Denken lösen. Im Prinzip geht es darum, Zusammenhänge zu erfassen und verschiedenste Informationen logisch miteinander in Verbindung zu bringen, um die korrekten Schlüsse zu ziehen. Diese Fähigkeit ist Grundvoraussetzung für das Lösen aller alltäglichen Probleme und Herausforderungen (vgl. 14). Regelmäßiges Logiktraining befähigt Sie dazu, sich auf das Wesentliche zu konzentrieren und die richtigen Entscheidungen zu treffen. Wer möchte dazu schon nicht in der Lage sein?

Die Rätsel sind erneut in verschiedene Schwierigkeitsgrade unterteilt. Wärmen Sie den Verstand am besten erst einmal an den weniger schweren Übungen auf und wagen Sie sich erst zum Schluss an die Aufgaben, die mit drei Sternen gekennzeichnet wurden.

Auch für Partner- oder Gruppenarbeit eignen sich dieses Kapitel. Befragen Sie sich dafür einfach gegenseitig reihum. Vor allem bei den letzten Aufgaben, die sich jeweils auf eine kurze Geschichte beziehen, ist es hilfreich, mehrere Ideen zu sammeln, um gemeinsam zu einer Lösung zu kommen. Damit wäre alles gesagt, sodass Sie nun in Gemeinschaft oder allein die grauen Zellen so richtig in Schwung bringen können!

WÜRFEL ERGÄNZEN 1

Schwierigkeitsgrad ★

[3] + ☐ = 8   [4] + ☐ = 10

☐ + [3] = 7   ☐ + [1] = 2

[6] + ☐ = 12   [4] + ☐ = 6

☐ + [3] = 8   ☐ + [6] = 11

[4] + ☐ = 5   [3] + ☐ = 6

☐ + [3] = 7   ☐ + [5] = 9

[1] + ☐ = 3   [2] + ☐ = 5

Lösung S. 195

WÜRFEL ERGÄNZEN 2

Schwierigkeitsgrad ★★

$2 + 6 - \square + 3 = 10$

$1 + 3 - 2 + \square = 6$

$5 + \square - 4 + 6 = 9$

$1 + 3 - 4 + \square = 2$

$4 + 2 - \square + 3 = 7$

$6 + 2 - 5 + \square = 4$

$\square + 5 - 2 + 4 = 10$

Lösung S. 196

WÜRFEL ERGÄNZEN 3

Schwierigkeitsgrad ★★

3 + 6 − ☐ + 3 = 6

4 + ☐ − 3 + 6 = 11

1 + 5 − 4 + ☐ = 4

6 + 2 − ☐ + 2 = 5

☐ + 3 − 2 + 5 = 12

4 + ☐ − 5 + 3 = 3

2 + 3 − 1 + ☐ = 8

Lösung S. 197

GEGENSÄTZE ZIEHEN SICH AN 1

Schwierigkeitsgrad

Verbinden Sie die Wortpaare, die einen Gegensatz darstellen, mit einer Linie!

hoch	langsam
kalt	alt
nass	viel
jung	warm
weich	hell
dunkel	böse
wenig	trocken
gut	hart
ängstlich	mutig
schnell	tief

Lösung S. 198

GEGENSÄTZE ZIEHEN SICH AN 2

Schwierigkeitsgrad

Verbinden Sie die Wortpaare, die einen Gegensatz darstellen, mit einer Linie!

ordentlich	leise
laut	dünn
Nacht	chaotisch
reich	geschlossen
dick	teuer
stark	Tag
Himmel	Hölle
offen	dumm
billig	schwach
klug	arm

Lösung S. 199

GEGENSÄTZE ZIEHEN SICH AN 3

Schwierigkeitsgrad

Verbinden Sie die Wortpaare, die einen Gegensatz darstellen, mit einer Linie!

fern	langweilig
gesund	krank
Engel	verabschieden
hungrig	nah
begrüßen	satt
spannend	Teufel
krumm	lachen
Freund	ruhig
hektisch	Feind
weinen	gerade

Lösung S. 200

SYNONYME FINDEN 1

Schwierigkeitsgrad

Verbinden Sie die Wortpaare, die eine gleiche Bedeutung haben, mit einer Linie!

Fahrzeug	säubern
Geld	wahnsinnig
verrückt	verbessern
optimieren	Auto
Essen	köstlich
komplett	Fokus
waschen	Zahlungsmittel
lecker	korrekt
richtig	Mahlzeit
gewiss	sicher
Konzentration	vollständig

Lösung S. 201

SYNONYME FINDEN 2

Schwierigkeitsgrad

Verbinden Sie die Wortpaare, die eine gleiche Bedeutung haben, mit einer Linie!

perfekt	Gegner
Abmachung	vollkommen
Charisma	Ausstrahlung
rennen	Überblick
Konkurrent	Harmonie
Einklang	Vereinbarung
Übersicht	spurten
Inszenierung	jetzt
Stille	Schweigen
gegenwärtig	Couch
Sofa	Schauspiel

Lösung S. 202

SYNONYME FINDEN 3

Schwierigkeitsgrad

Verbinden Sie die Wortpaare, die eine gleiche Bedeutung haben, mit einer Linie!

Nachricht	unwichtig
Schädel	Zauber
lila	Kopf
irrelevant	Beschwerden
Einbildung	Vermutung
Magie	violett
Glaube	Botschaft
Verdacht	Religion
weglaufen	Illusion
Leiden	Wohnsitz
Adresse	flüchten

Lösung S. 203

KATEGORISIEREN 1

Schwierigkeitsgrad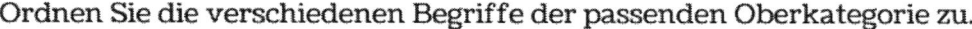

Ordnen Sie die verschiedenen Begriffe der passenden Oberkategorie zu.

Oliven	Salat	Schloss	Schule	Papagei
Qualle	Giraffe	Känguru	Milch	Einkaufszentrum
Wolf	Park	Pizza	Käfer	Keks
Sporthalle	Museum	Schokolade	Kuh	Nuss

TIERE

ORTE

NAHRUNG

Lösung S. 204

KATEGORISIEREN 2

Schwierigkeitsgrad

Ordnen Sie die verschiedenen Begriffe der passenden Oberkategorie zu.

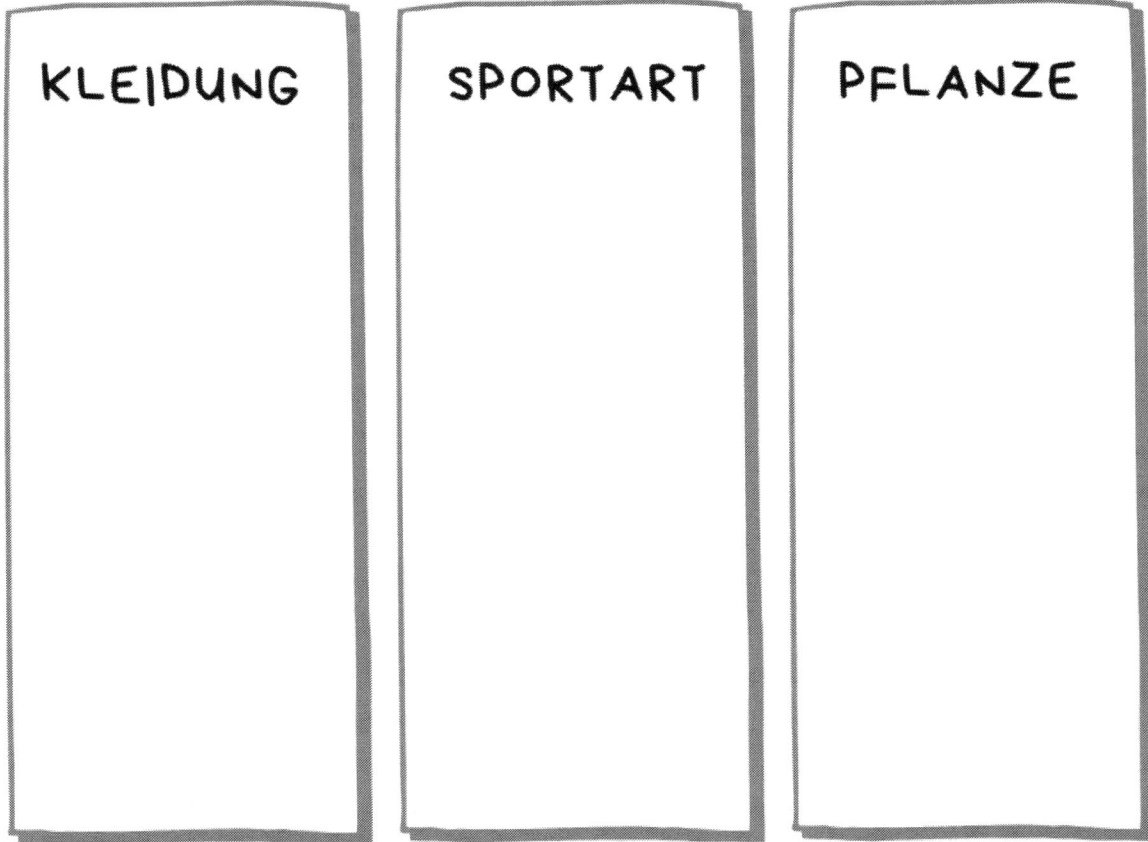

Lösung S. 205

KATEGORISIEREN 3

Schwierigkeitsgrad

Ordnen Sie die verschiedenen Begriffe der passenden Oberkategorie zu. Zur Erinnerung: Nomen sind Was-Wörter, Verben sind Tu-Wörter und Adjektive sind Wie-Wörter.

grübeln	braun	Verständnis	zaghaft	Pferd
vorbereitet	Zucker	Kugelschreiber	niedlich	servieren
rauchen	Bahnhof	gepflegt	Schmuck	lieben
gebildet	reisen	Kamera	lernen	riesig

NOMEN | **VERBEN** | **ADJEKTIVE**

Lösung S. 206

WIE SPÄT IST ES? 1

Schwierigkeitsgrad

Wie spät ist es auf den analogen Uhren in Worten und in digitaler Anzeige?

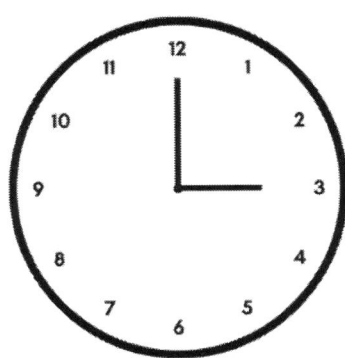  

drei Uhr

03:00/15:00

Lösung S. 207

WIE SPÄT IST ES? 2

Schwierigkeitsgrad ★★

Zeichnen Sie die Zeiger der passenden Uhrzeit entsprechend ein und ergänzen Sie die Angaben in Worten oder digitaler Anzeige.

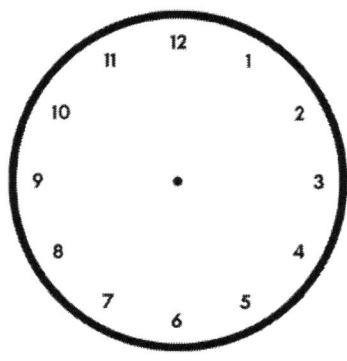

vier Uhr

/18:50

halb zwei

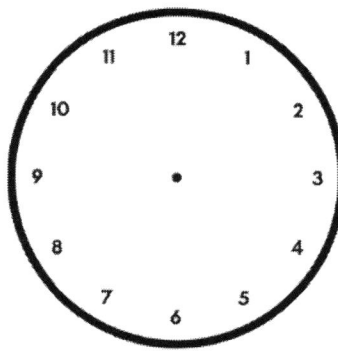

viertel nach neun

/23:00

05:05/

Lösung S. 208

WIE SPÄT IST ES? 3

Schwierigkeitsgrad

Zeichnen Sie die Zeiger der passenden Uhrzeit entsprechend ein und ergänzen Sie die Angaben in Worten oder digitaler Anzeige.

 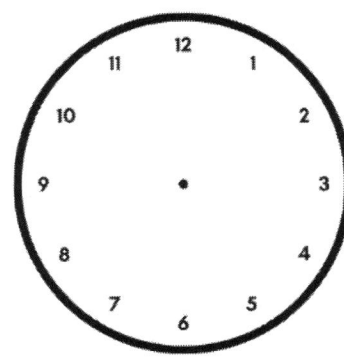 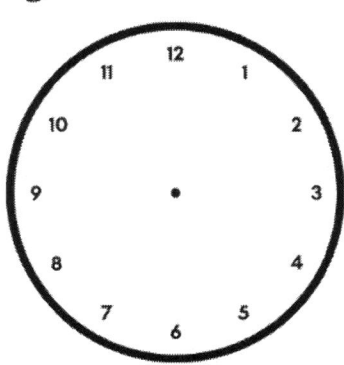

_____   zehn nach eins   _____

_____   _____   03:55/15:55

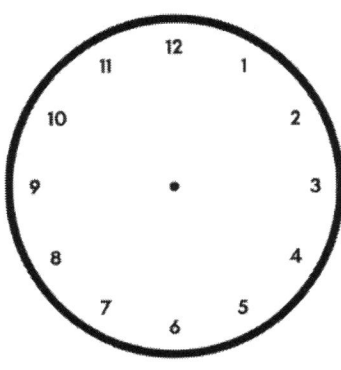 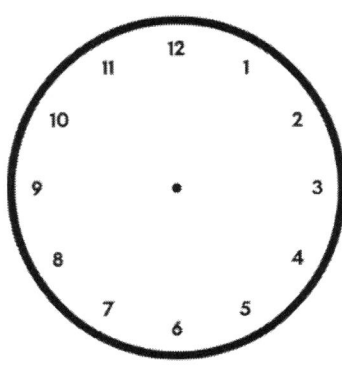 

fünf vor halb drei   zwölf Uhr/Mitternacht   _____

_____   _____   _____

Lösung S. 209

FEHL AM PLATZ 1

Schwierigkeitsgrad

In jeder der folgenden Reihen hat sich ein Begriff verirrt, der aus logischer Sicht nicht zu den restlichen Wörtern passt. Machen Sie diesen ausfindig und umkreisen Sie ihn.

A. Fahrgäste
B. Passagiere
C. Zugführer
D. Reisende

A. Straße
B. Laterne
C. Glühbirne
D. Licht

A. stehen
B. fliegen
C. sitzen
D. liegen

A. Tastatur
B. Schreibmaschine
C. CD-Spieler
D. Stift

A. Brief
B. Fahrschein
C. Ticket
D. Fahrkarte

A. Student
B. Schüler
C. Lehrling
D. Professor

A. fern
B. nah
C. entfernt
D. tief

A. Karriere
B. Berufsausbildung
C. Arbeitsplatz
D. Cafeteria

A. Fernseher
B. Herd
C. Kühlschrank
D. Wasserkocher

A. Maus
B. Tastatur
C. Ratte
D. Bildschirm

A. malen
B. schreien
C. basteln
D. ausschneiden

A. Wort
B. Buchstaben
C. Fragezeichen
D. Bezeichnug

Lösung S. 210

FEHL AM PLATZ 2

Schwierigkeitsgrad

In jeder der folgenden Reihen hat sich ein Begriff verirrt, der aus logischer Sicht nicht zu den restlichen Wörtern passt. Machen Sie diesen ausfindig und umkreisen Sie ihn.

A. Dach
B. Berg
C. Fluss
D. Wald

A. Ausrufezeichen
B. Wort
C. Komma
D. Punkt

A. zelebrieren
B. entspannen
C. ausruhen
D. regenerieren

A. Fest
B. Mahlzeit
C. Party
D. Feier

A. Malaria
B. Windpocken
C. Röteln
D. Masern

A. Regen
B. Schnee
C. Sonne
D. Hagel

A. Frankreich
B. Deutschland
c. Schweden
D. Brasilien

A. London
B. München
C. Rom
D. Paris

A. gelb
B. grün
C. rot
D. grau

A. Dachs
B. Dobermann
C. Labrador
D. Perserkatze

A. Nagellack
B. Kleid
C. Shampoo
D. Feuchtigkeitscreme

A. Schädel
B. Magen
C. Niere
D. Leber

Lösung S. 210

FEHL AM PLATZ 3

Schwierigkeitsgrad

In jeder der folgenden Reihen hat sich ein Begriff verirrt, der aus logischer Sicht nicht zu den restlichen Wörtern passt. Machen Sie diesen ausfindig und umkreisen Sie ihn.

A. springen
B. hüpfen
C. fallen
D. hopsen

A. Bürste
B. Säge
C. Zange
D. Schraubenzieher

A. Silke
B. Sandra
C. Mathilde
D. Markus

A. Reis
B. Holz
C. Glas
D. Plastik

A. Sonntag
B. Februar
C. Donnerstag
D. Dienstag

A. Eiscreme
B. Schokolade
C. Gummibärchen
D. Salat

A. Pilze
B. Zwiebeln
C. Zähne
D. Mais

A Croissant
B. Rabe
C. Brezel
D. Brötchen

A. Gorilla
B. Mozzarella
C. Schimpanse
D. Orang-Utan

A. Schaukel
B. Rutsche
C. Sandkasten
D. Tuschkasten

A. Ampel
B. Kerzen
C. Luftballons
D. Geschenke

A. Radiergummi
B. Tafel
C. Kreide
D. Schwamm

Lösung S. 211

FEHL AM PLATZ 4

Schwierigkeitsgrad

In jeder der folgenden Reihen hat sich ein Begriff verirrt, der aus logischer Sicht nicht zu den restlichen Wörtern passt. Machen Sie diesen ausfindig und umkreisen Sie ihn.

A. Stamm
B. Wurzel
C. Ast
D. Zepter

A. werfen
B. fangen
C. schleudern
D. schmeißen

A. Treppe
B. Tür
C. Leiter
D. Aufzug

A. Mundharmonika
B. Flöte
C. Trompete
D. Gitarre

A. Ausfahrt
B. Ausstellung
C. Galerie
D. Messe

A. Vormittag
B. Montag
C. Nachmittag
D. Abend

A. Ein Jahr
B. 14 Monate
C. 52 Wochen
D. 12 Monate

A. mogeln
B. täuschen
C. lernen
D. täuschen

A. gestern
B. bald
C. morgen
D. dort

A. angemessen
B. mehr
C. besser
D. stärker

A. Lärm
B. Geschmack
C. Krach
D. Geräusch

A. weil
B. deshalb
C. wegen
D. niemals

Lösung S. 211

FEHL AM PLATZ 5

Schwierigkeitsgrad

In jeder der folgenden Reihen hat sich ein Begriff verirrt, der aus logischer Sicht nicht zu den restlichen Wörtern passt. Machen Sie diesen ausfindig und umkreisen Sie ihn.

A. Handschuhe
B. Mütze
C. Bikini
D. Wollsocken

A. Salami
B. Ananas
C. Melone
D. Banane

A. Hexen
B. Zauberstab
C. Zauberer
D. Magier

A. Zug
B. Roller
C. Koffer
D. Flugzeug

A. Bühne
B. Restaurant
C. Speisekarte
D. Besteck

A. nachschlagen
B. Buch
C. Lesezeichen
D. einkaufen

A. Rose
B. Hose
C. Nelke
D. Tulpe

A. merken
B. erinnern
C. speichern
D. fragen

A. Lenkrad
B. Reifen
C. Auspuff
D. Werkstatt

A. Stress
B. Abfolge
C. Verlauf
D. Prozess

A. Hunger
B. essen
C. atmen
D. zeichnen

A. Liebe
B. Haus
C. Hass
D. Trauer

Lösung S. 212

FORTSETZUNG FOLGT 1

Schwierigkeitsgrad

Setzen Sie die folgenden Reihen, dem Muster entsprechend, mit zwei weiteren Formen fort.

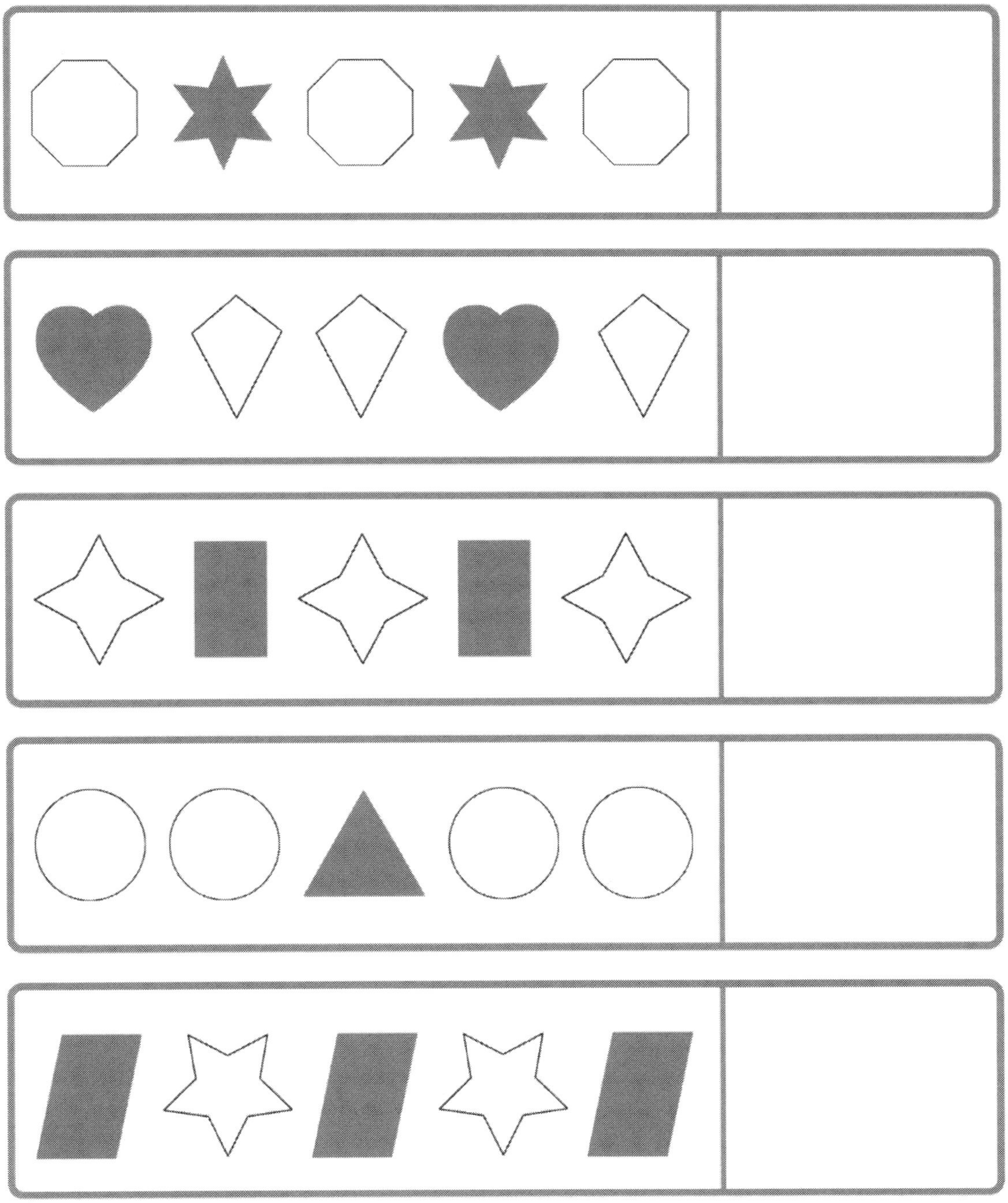

Lösung S. 214

FORTSETZUNG FOLGT 2

Schwierigkeitsgrad ★★

Setzen Sie die folgenden Reihen, dem Muster entsprechend, mit zwei weiteren Formen fort.

Lösung S. 215

FORTSETZUNG FOLGT 3

Schwierigkeitsgrad

Setzen Sie die folgenden Reihen, dem Muster entsprechend, mit zwei weiteren Formen fort.

Lösung S. 216

Knobel-Geschichten, die Logik erfordern

Schwierigkeitsgrad ★★★

Der Vergangenheit auf den Spuren (Lösung S. 217)

Ein Archäologe stellt die Behauptung auf, ein uraltes Schriftstück aus dem antiken Griechenland gefunden zu haben. Es beschreibe eine Krise der Hungersnot und wie tausende Familien aufgrund dessen gestorben seien. Ein Zitat aus dem Text, das der Archäologe hervorhebt, lautet "Wir schreiben das Jahr 54 vor Christus und das gesamte griechische Volk leidet unter qualvollem Hunger."

Wieso ist es offensichtlich, dass es sich bei dem Fund des Archäologen um eine Fälschung handelt?

Liebe kennt kein Alter (Lösung S. 217)

Ein Herr vorangeschrittenen Alters plant, am Sonntag seine junge Geliebte zu heiraten. Allerdings gibt ein enger Freund ihm den gut gemeinten Hinweis, dass er doch dreimal so alt wie die Braut sei und er es sich noch einmal überlegen sollte.

Daraufhin entgegnet der Bräutigam jedoch bloß "Aber in 20 Jahren bin ich nur noch doppelt so alt wie meine Frau.".

Wie alt sind die beiden jeweils am Sonntag, wenn sie heiraten werden?

Mutter von vier Kindern (Lösung S. 217)

Annelises stolze Mutter hat ganze vier Kinder, die sie abgöttisch liebt. Das erste Kind hat sie aufgrund des Geburtsmonats "Januar" genannt. Das zweite Kind hört auf den Namen "März". Das vierte Kind wurde aus dem gleichen Grund "Mai" getauft.

Aber wie heißt das vierte Kind?

Neuigkeiten aus Hollywood (Lösung S. 217)

Die Dreharbeiten für ein neues Familiendrama sind im vollen Gange! Im Fokus steht der Kampf um die Weltherrschaft, an dem unter anderem fünf Verbrecher beteiligt sind, die von acht Polizisten gesucht werden, da sie eine heilige Schrift gestohlen haben. Außerdem zeigt ein lustiger Busfahrer einer Schulgruppe von 26 Schülern die sieben Weltwunder. Gleichzeitig verliert ein Obdachloser seine fünf Sinne, doch er trifft glücklicherweise auf die drei Pfadfinder, die an sechs Tagen der Woche zwölf gute Taten vollbringen. Schließlich gibt es noch den Kapitän, der mit seinem Schiff und einer starken Besatzung von 83 Mann ebenso eine große Rolle spielt.

Wie viele Schauspieler werden für den geplanten Film benötigt?

Weißt du überhaupt, wie spät es ist? (Lösung S. 219)
Oliver ist am Samstagabend mit seinen Kumpels unterwegs gewesen. Als er zu Hause ankommt, hat er einen ziemlichen Alkoholpegel und wird von seiner besorgten Mutter gefragt, ob ihm denn überhaupt klar sei, wie spät es ist. Oliver lallte daraufhin:

"Um 60 vor 17 Uhr habe ich noch für 125 Minuten ein wichtiges Bundesligaspiel mit Max im Fernsehen gesehen. Erst danach ist Franz gekommen, weil er seine Lieblingsmannschaft nicht verlieren sehen wollte. Wir haben uns zu dritt eine Pizza bestellt, doch es hat weitere 36 Minuten gedauert, bis diese geliefert worden ist.

Für den Verzehr haben wir inklusive einem Bier 24 Minuten gebraucht. Das Taxi wartete bereits auf uns, sodass es uns nur 18 Minuten bis zur Bar kostete. Dort gab es sechs Runden Schnaps in 36 Minuten und sechs Minuten verbrachten wir insgesamt auf der Toilette.

Die zweite Taxifahrt ging noch schneller vonstatten. Nach nur 15 Minuten waren wir bei der Disco, sodass wir 240 Minuten tanzen konnten. Allerdings waren wir am Ende des Abends alle pleite und mussten somit zurücklaufen. Nach dem zweistündigen Marsch tun mir die Beine höllisch weh und eigentlich möchte ich jetzt einfach nur ins Bett, Mama."

Um welche Uhrzeit kam Peter nach Hause?

Glückstag (Lösung S. 219)
Als Oliver erneut alkoholisiert von einer Feier nach Hause watschelt, findet er eine Geldmünze auf dem Weg und hebt sie auf. Obwohl der Mond nicht am Himmel leuchtete und keinerlei Straßenbeleuchtung eingeschaltet war, erblickte er die Geldmünze schon aus weiter Entfernung.

Weshalb ist dies möglich gewesen?

Ausgeträumt (Lösung S. 219)
Vor einigen Wochen erzählte mir jemand die Geschichte eines Mannes, der in der Bahn eingeschlafen war und schlimme Träume hatte. Unter anderem sei er im Alptraum von chinesischen Bösewichten entführt und in eine dunkle Kammer gesperrt worden. An der Endstation weckte der Zugführer den schlafenden Herren auf. Aufgrund des Schocks starb dieser

augenblicklich an Herzversagen.

Woran wird deutlich, dass der Geschichtenerzähler mich angelogen beziehungsweise sich das Ereignis nur zusammengereimt hat?

Konfetti-Trick (Lösung S. 220)
Marie begegnet ihrer Schwester Louisa in der Küche. Letztere ist damit beschäftigt, buntes Papier zu lochen. Verdutzt fragt Marie, was ihre Schwester im Sinne hat. Louisa offenbart, dass sie Konfetti basteln möchte. "Aber ist das nicht ein Haufen Arbeit, Schwesterherz?", fragt Marie. Doch Louisa widerspricht ihr. Da sie das Papier dreimal faltet, hätte sie automatisch die dreifache Menge. Marie versteht und denkt über den Geheimtrick nach. Trotzdem ist sie ein wenig später wieder verdutzt. "Bei dreimaligem Falten des Papiers solltest du doch eigentlich das Sechsfache erhalten, oder nicht, Louisa?", fragt sie noch genauer nach.

Wer von den beiden Schwestern liegt richtig?

Das große Quiz der Allgemeinbildung

Unter Allgemeinbildung wird das Wissen zusammengefasst, das als Grundlage gilt, um das Leben und die ganze Welt in einem angemessenem Kontext zu verstehen (vgl. 15). Dazu gehören unter anderem Kenntnisse der Menschheitsgeschichte, der Naturwissenschaften, Geographie, Politik, Kunst und Literatur (vgl. 16). Leider nimmt der Umfang des Allgemeinwissens generell eher ab, da zunehmend fachliche Kenntnis in Spezialgebieten gefragt ist (vgl. 17). Gleichzeitig gewinnt die Menge an Informationen stets an Fülle und im Internet lässt sich alles mithilfe einer schnellen Suchanfrage beantworten (vgl. 15). Allerdings gibt es unzählige

Situationen im Alltag, in denen eine kurze Google-Befragung eben unangemessen oder nicht möglich ist. Ein breitgefächertes Allgemeinwissen hilft in den verschiedensten Lebenslagen, zum Beispiel bei der Orientierung in fremden Städten, aber auch in Notfallsituationen wie bei einem Unfall (vgl. 18). Darüber hinaus können Sie mit reicher Allgemeinbildung garantiert in den verschiedensten Gesprächen glänzen, haben immer etwas beizutragen und bleiben ein beliebter Gesprächspartner für jedermann. Als wäre dies noch nicht genug, hilft ein regelmäßiges Auffrischen des Wissenstands automatisch dabei, alle neuen Informationen, mit denen Sie konfrontiert werden, optimal einordnen und blitzschnell verstehen zu können (vgl. 17).

Worauf warten Sie also noch? Auf den nächsten Seiten warten insgesamt 100 Fragen zur Allgemeinbildung auf Sie, für die Ihnen jeweils vier Antwortmöglichkeiten zur Auswahl stehen. Falls Sie einen Trainingspartner an Ihrer Seite haben, wird es garantiert großen Spaß bereiten, wenn Sie sich im Wechsel gegenseitig abfragen!

Lösungen: S. 221-226

1. Wie viele Zähne hat das Gebiss eines Erwachsenen im Normalfall?
   - 26
   - 30
   - 32
   - 36

2. Welches Obst bot Adam laut der Bibel Eva an?
   - Birne
   - Ananas
   - Apfel
   - Erdbeere

3. Wie viele Bundesländer hat Deutschland?
   - 16
   - 20
   - 14
   - 23

4. Welches ist das größte Organ des menschlichen Körpers?
   - Gehirn
   - Haut
   - Darm
   - Herz

5. Welche ist die Hauptstadt von Spanien?
   - Barcelona
   - Granada
   - Madrid
   - Valencia

6. In welcher Einheit wird elektrische Spannung gemessen?
   - Volt
   - Watt
   - Ampere
   - Kilowattstunden

7. **Womit beginnt Artikel 1 des Deutschen Grundgesetzes?**
   - "Jeder hat das Recht auf eine freie Lebensentfaltung."
   - "Die Würde des Menschen ist unantastbar."
   - "Alle Menschen sind wertvoll."
   - "Jeder hat das Recht auf ein selbstbestimmtes Leben."

8. **An welchem Tag fiel die Berliner Mauer?**
   - 09.November 1970
   - 10.November 1990
   - 09.November 1989
   - 10.November 1970

9. **Von wem stammt die Aussage "Dies ist ein kleiner Schritt für einen Menschen, aber ein riesiger Sprung für die Menschheit"?**
   - Albert Einstein
   - Neil Armstrong
   - Stephen Hawking
   - George W. Bush

10. Wer hat "Romeo und Julia" geschrieben?
    - Leonardo da Vinci
    - Johann Wolfgang von Goethe
    - Jane Austen
    - William Shakespeare

11. Von wem wurden in der Bibel die zehn Gebote verkündet?
    - Mose
    - Adam
    - Jesus
    - Eva

12. Welche ist die Hauptstadt von Russland?
    - Jekaterinburg
    - Moskau
    - Sankt Petersburg
    - Wolgograd

13. In welchem Jahr wurde der Euro als Bargeld eingeführt?
   - 2002
   - 2005
   - 1995
   - 1990

14. Welches Organ produziert im menschlichen Körper das Hormon Insulin?
   - Leber
   - Niere
   - Bauchspeicheldrüse
   - Schilddrüse

15. Wie viel Prozent der Oberfläche unseres Planeten ist von Wasser bedeckt?
   - circa 2 %
   - circa 30 %
   - circa 50 %
   - circa 70 %

16. Welches deutsche Bundesland ist von der Fläche her das größte?
- Niedersachsen
- Nordrhein-Westfalen
- Bremen
- Bayern

17. Welche politischen Parteien werden unter der "Jamaika-Koalition" zusammengefasst?
- CDU, SPD, Linke
- CDU, FDP, Grüne
- CDU, SPD, Grüne
- CDU, FDP, AFD
-

Wann endete der Erste Weltkrieg?
- 1915
- 1918
- 1930
- 1945

18. Welcher Autor und Dichter schrieb "Faust"?
- Friedrich Schiller
- Wolfgang Amadeus Mozart
- Johann Wolfgang von Goethe
- Friedrich Nietzsche

19. Wie viele Beine hat eine Spinne?
- Acht
- Sechs
- Zwei
- Sieben

20. Wie heißt die Hauptstadt von Süd-Afrika?
- Johannesburg
- Kapstadt
- Kairo
- City of Buffalo

21. In welcher Einheit wird die Temperatur in Amerika angegeben?
    - Grad Celsius
    - Grad Fahrradheit
    - Grad Kelvin
    - Grad Fahrenheit

22. Wer war der erste Bundeskanzler der Bundesrepublik Deutschland?
    - Helmut Schmid
    - Konrad Adenauer
    - Willy Brandt
    - Angela Merkel

23. In welcher Stadt gibt es Punkte bei einem Verstoß gegen die Verkehrsregeln?
    - Berlin
    - Bonn
    - Flensburg
    - Köln

24. Welches Bundesland ist von der Fläche her das kleinste?
- Bremen
- Bayern
- Sachsen-Anhalt
- Mecklenburg-Vorpommern

25. Was bedeutet "Carpe diem"?
- "Guten Appetit"
- "Man lebt nur einmal"
- "Jetzt oder nie"
- "Nutze den Tag"

26. Welcher ist der höchste Berg in Deutschland?
- Brocken
- Zugspitze
- Matterhorn
- Hochkalter

27. Was war die "Stasi"?
- Eine Zigarettenmarke
- Der Name der Berliner Mauer
- Der Geheimdienst der DDR
- Eine politische Partei

28. Von welchem Autor stammt der Roman "Es"?
- Stephen Hawking
- William Shakespeare
- Stephen King
- Friedrich Schiller
- F. Scott Fitzgerald

29. Präsident welchen Landes war Nelson Mandela?
- Thailand
- Südafrika
- Ägypten
- Schottland

30. Wie heißen die deutschen Filmfestspiele?
- Oktoberfest
- Oscar-Verleihung
- Christopher Street Day
- Berlinale

31. Welche ist die Landeshauptstadt von Rheinland-Pfalz?
- Mainz
- Kaiserslautern
- Köln
- Stuttgart

32. Wie viele Planeten gehören zu unserem Sonnensystem?
- Vier
- Zehn
- Acht
- Zwölf

33. Welche berühmte Dame ist auf dem Porträt von Leonardo da Vinci zu sehen?

- Königin Elizabeth II
- Mona Lisa
- Marilyn Monroe
- Lady Diana

34. Wofür steht die chemische Summenformel H2O?

- Sauerstoff
- Eisen
- Wasser
- Stickstoff

35. In welchem Land leben die meisten Menschen?

- Deutschland
- Südafrika
- Indonesien
- China

36. Auf welchem Kontinent liegt die Sahara-Wüste?
    - Afrika
    - Asien
    - Europa
    - Amerika

37. Welcher Fluss ist der längste der Welt?
    - Mississipi
    - Donau
    - Nil
    - Amazonas

38. Von welchem Wissenschaftler stammt die Relativitätstheorie?
    - Albert Einstein
    - Galileo Galilei
    - Isaac Newton
    - Charles Darwin

39. Welche ist die Hauptstadt von Malaysia?
- Jakarta
- Mumbai
- Tokio
- Kuala Lumpur

40. Wo steht die Freiheitsstatue?
- Paris
- New York
- Berlin
- Las Vegas

41. Wer schrieb das Buch "Mein Kampf"?
- Friedrich Schiller
- Konrad Adenauer
- Adolf Hitler
- Anne Frank

42. In welchem zeitlichen Abstand finden die Wahlen des Bundestags statt?
   ○ alle zehn Jahre
   ○ alle vier Jahre
   ○ alle drei Jahre
   ○ alle fünf Jahre

43. Welcher ist der größte Kontinent?
   ○ Antarktis
   ○ Europa
   ○ Amerika
   ○ Asien

44. Welcher Fluss fließt durch Köln?
   ○ Rhein
   ○ Elbe
   ○ Weser
   ○ Spree

45. Wie heißt ein Gebetshaus des Islam?
- Kirche
- Moschee
- Synagoge
- Tempel

46. Welche Werte werden dem "deutschen Vaterland" neben "Einigkeit" noch in der Nationalhymne zugesprochen?
- Recht und Ehrlichkeit
- Freiheit und Liebe
- Recht und Freiheit
- Liebe und Sicherheit

47. Wie lautet die chemische Summenformel für Sauerstoff?
- CH_4
- H_2O
- $C_2H_4O_2$
- O_2

48. Welches bekannte Passagierschiff ist 1912 aufgrund eines Zusammenstoßes mit einem Eisberg gesunken?
   ○ Titanium
   ○ AIDA
   ○ MS Amadea
   ○ Titanic

49. In welchem Land befinden sich die Pyramiden von Gizeh, die als eines der sieben Weltwunder gelten?
   ○ Ghana
   ○ Indien
   ○ Ägypten
   ○ Niederlande

50. Wann endete der Zweite Weltkrieg?
   ○ 1920
   ○ 1935
   ○ 1945
   ○ 1960

51. Welche ist die Hauptstadt von Norwegen?
   - Oslo
   - Hammerfest
   - Stockholm
   - Bergen

52. Welche Funktion haben die Ohren außer dem Gehör?
   - Luftreinigung
   - Gleichgewichtssinn
   - Wärmespeicher
   - Hormonproduktion

53. An welchem Datum wir der Tag der deutschen Einheit gefeiert?
   - 01. Januar
   - 12. Dezember
   - 10. November
   - 03. Oktober

54. Wie setzt sich das Lied von Marlene Dietrich fort? "Sag mir wo…"
- "…mein Kindlein ist"
- "…die Berge sind"
- "…die Blumen sind"
- "…die Zeit nur bleibt"

55. Wenn die Sonne im Osten aufgeht, im Süden ihren Lauf nimmt und im Westen untergeht, wo ist sie dann nie zu sehen?
- Im Norden
- Am Himmel
- Im Süden
- Im Winter

56. Märchen beginnen in der Regel mit den Worten "Es war einmal…". Doch mit welchen Worten hören sie auf?
- "Glücklich lebten sie bis an ihr Lebensende."
- "Und wenn sie nicht gestorben sind, geht die Geschichte weiter."
- "Wie es mit ihnen weitergeht, ist und bleibt ein Rätsel."
- "Und wenn sie nicht gestorben sind, dann leben sie noch heute."

57. Was gibt Christen den Anlass, Ostern zu feiern?
- Die Geburt Jesu Christi
- Die Auferstehung Jesu Christi
- Die Auferstehung Moses
- Die Geburt Moses

58. Welcher Vogel ist auf dem Wappen Deutschlands zu sehen?
   - Taube
   - Schwan
   - Adler
   - Amsel

59. Welche ist die Hauptstadt von Tschechien?
   - Prag
   - Warschau
   - Pilsen
   - Brüssel

60. Welches Bundesland in Deutschland ist am nördlichsten gelegen?
   - Bayern
   - Schleswig-Holstein
   - Niedersachsen
   - Thüringen

61. In welchen beiden Monaten könnte jemand Geburtstag haben, der von Sternzeichen Wassermann ist?
   ○ Dezember und Januar
   ○ Januar und Februar
   ○ Juni und Juli
   ○ Oktober und November

62. Wie heißt die Währung, die in England verwendet wird?
   ○ Euro
   ○ Mark
   ○ Taler
   ○ Pfund

63. Wofür steht die Abkürzung "GmbH"?
   ○ Gesellschaft mit beschränkter Hoffnung
   ○ Gesellschaft mit bösen Hintergedanken
   ○ Gesellschaft mit beschränkter Haftung
   ○ Gesellschaft mit brüderlicher Harmonie

64. Wie viele Meter entsprechen einem Kilometer?
   - 100 m
   - 1.000 m
   - 10.000 m
   - 100.000 m

65. Welche deutsche Stadt verwendet das Autokennzeichen HH?
   - Helsinki
   - Hannover
   - Hamburg
   - Heidelberg

66. Wie viele Einwohner hat Deutschland?
   - circa 50 Millionen
   - circa 80 Millionen
   - circa 100 Millionen
   - circa 120 Millionen

67. Welche ist die Hauptstadt der Schweiz?
   ○ Bern
   ○ Basel
   ○ Zürich
   ○ Wien

68. Welche Sekundärfarbe entsteht, wenn die Grundfarben blau und gelb miteinander gemischt werden?
   ○ gelb
   ○ rot
   ○ violett
   ○ grün
   ○

69. Wofür steht die Abkürzung "EU"?
   ○ Europa
   ○ Europäische Unterhaltung
   ○ Europäische Union
   ○ Euro

70. Wer gilt als Entdecker Amerikas?
- ○ Galileo Galilei
- ○ Christoph Kolumbus
- ○ George Washington
- ○ Christian Kolumbus

71. Welches ist das größte Säugetier der Welt?
- ○ Mensch
- ○ Elefant
- ○ Blauwal
- ○ Delphin

72. In welchem Land befindet sich der schiefe Turm von Pisa?
- ○ Schweiz
- ○ Italien
- ○ Ungarn
- ○ Spanien

73. Welches Material stoßen Vulkane bei einem Ausbruch aus?
   - Lava
   - Lavender
   - Schnee
   - Sand

74. In welcher Stadt wurde Jesus geboren?
   - Jerusalem
   - Nazareth
   - Mekka
   - Bethlehem

75. Welche Sportart repräsentiert Steffi Graf?
   - Golf
   - Tennis
   - Volleyball
   - Fußball

76. Welche Sekundärfarbe entsteht, wenn die Grundfarben rot und blau miteinander gemischt werden?
   ○ grün
   ○ gelb
   ○ orange
   ○ violett

77. In welchem Gebäude fanden die Gladiatorenkämpfe im alten Rom statt?
   ○ Notre-Dame
   ○ Louvre
   ○ Kolosseum
   ○ Pantheon

78. Von welcher schwedischen Autorin stammen die Werke "Pippi Langstrumpf", "Michel aus Lönneberga", "Karlsson vom Dach" und viele weitere?
   ○ Karin Lindgren
   ○ Judith Kerr
   ○ Audrey Harings
   ○ Astrid Lindgren

79. Zu welchem Land gehört die Hauptstadt Helsinki?
- Dänemark
- Finnland
- Polen
- Italien

80. Wie heißt der heilige Fastenmonat im Islam?
- Koran
- Ramadan
- Jom Kippur
- Zuckerfest

81. Wer gilt als Erfinder des Buchdrucks?
- Joachim Gutenberg
- Martin Luther
- Albrecht Dürer
- Johannes Gutenberg

82. Ab welchem Alter fängt laut einem Lied von Udo Jürgens das Leben an?
   ◦ 44
   ◦ 50
   ◦ 66
   ◦ 70

83. Welche deutsche Stadt verwendet das Autokennzeichen DO?
   ◦ Düsseldorf
   ◦ Dortmund
   ◦ Donau
   ◦ Diepholz

84. Welches Organ des menschlichen Körpers wird in Fachkreisen "Uterus" genannt und ist nur beim weiblichen Geschlecht vorzufinden?
   ◦ Gebärmutter
   ◦ Harnblase
   ◦ Eierstöcke
   ◦ Nebenniere

85. Welche war im Jahr 2018 die häufigste Todesursache der Deutschen?
    - Verkehrsunfälle
    - Krebserkrankungen
    - Herz-Kreislauf-Erkrankungen
    - Haushaltsunfälle

86. Wie heißt die Hauptstadt von Österreich?
    - Graz
    - Wien
    - Innsbruck
    - Salzburg

87. Unter welcher Nummer ist die Polizei in Deutschland im Notfall zu erreichen?
    - 210
    - 111
    - 110
    - 113

88. Welche Erste-Hilfe-Maßnahme kann im Falle von Bewusstlosigkeit das Leben des Betroffenen retten?
   ○ Stabile Rückenlage
   ○ Stabile Sitzhaltung
   ○ Stabile Bauchlage
   ○ Stabile Seitenlage

89. Welche Zahl ist mit den römischen Ziffern "IV" gemeint?
   ○ vier
   ○ fünf
   ○ sechs
   ○ neun

90. Welchen Beinamen trug der indische Freiheitskämpfer Gandhi?
   ○ Mohammed
   ○ Magnus
   ○ Mahatma
   ○ Merlin

91. Wie heißt die größte deutsche Nordseeinsel?
    - Rügen
    - Sylt
    - Spiekeroog
    - Usedom

92. Wie viel Liter Blut fließen ungefähr in einem menschlichen Körper?
    - circa 5-6 l
    - circa 10-12 l
    - circa 18-20 l
    - circa 23-25 l

93. Wie nennt man ein Viereck, dessen Seiten gleich lang sind?
    - Zylinder
    - Rechteck
    - Quadrat
    - Pyramide

94. Welche ist die Landeshauptstadt von Thüringen?
   ○ Jena
   ○ Erfurt
   ○ Gera
   ○ Weimar

95. Wovon spricht man in der Medizin bei einer gestörten Blutversorgung des Gehirns?
   ○ Gehirntumor
   ○ Herzinfarkt
   ○ Parkinson
   ○ Schlaganfall

96. An welchem Feiertag wird in Deutschland gleichzeitig Vatertag gefeiert?
   ○ Neujahr
   ○ Tag der deutschen Einheit
   ○ Christi Himmelfahrt
   ○ Muttertag

97. Welcher ehemalige Präsident Amerikas wurde im November 1963 in Dallas ermordet?
   ○ Franklin D. Roosevelt
   ○ Richard Nixon
   ○ John F. Kennedy
   ○ Bill Clinton

98. In welcher europäischen Stadt sind die kunstvollen Gebäude von Antonio Gaudi zu bewundern?
   ○ Wien
   ○ Zagreb
   ○ Mailand
   ○ Barcelona

99. Welche Lehre setzt sich mit Sterndeutung und der Konstellation von Planeten auseinander?
   ○ Psychologie
   ○ Astrologie
   ○ Soziologie
   ○ Geografie

Den Fokus richten

Gedächtnistraining funktioniert laut Experten niemals, ohne die Konzentrationsfähigkeit zu schärfen. Viele Schwierigkeiten mit dem Gedächtnis lassen sich in Wahrheit auf einen mangelnden Fokus zurückführen (vgl. 19). Wie soll man sich auch schon etwas merken, wenn man während der Informationsaufnahme gar nicht richtig bei der Sache ist? Die Fähigkeit der zielgerichteten Aufmerksamkeit lässt sich durch die Verbesserung der Wahrnehmung steigern (vgl. 19). Genau dies soll durch die Übungen in diesem Kapitel erreicht werden.

In den ersten fünf Aufgaben liegt die Herausforderung darin, jeweils zwölf vorgegebene Begriffe in chaotischen Wortgittern aus lauter Buchstaben zu finden. Dabei ist es möglich, dass die Begriffe horizontal, vertikal, diagonal oder sogar rückwärts geschrieben im Raster versteckt sind. Außerdem kann es sein, dass derselbe Buchstabe in mehr als nur einem Wort inbegriffen ist.

Sobald Sie die Begriffe gefunden haben, markieren oder kreisen Sie diese im Wortgitter ein und streichen Sie das Wort aus der Liste.

Anschließend folgen sechs Textaufgaben, in denen Sie ganz genau hinschauen müssen. Pro Text werden Worte oder Buchstaben vorgegeben, von denen Sie angeben sollen, wie oft diese in dem jeweiligen Abschnitt vorkommen.

Das mag sich leichter anhören, als es ist, also sammeln Sie Ihre volle Konzentration und lassen Sie sich ruhig Zeit bei der Durchführung.

WORTSUCHE 1

```
S H N W A N P U P P U A
U C B A N E S S I K T H
N S T U R M L S L L F X
B I N E A E A A Z A A T
W T W L E H C S U M H N
O A N B T T S D F S C F
C M L B S A C H U C S L
K O W D E P S C S A N D
P T N E L P A L E P E E
L U W R E D Y S N Y S N
O A N B O T S D S S S F
C A M B E A C H Z L I P
K B A N A N E C N S W N
P I B E S N E S T I K E
```

Rätsel   Automatisch   Spaß   Kissen
Wissenschaft   Banane   Muschel   Tee
Pilz   Sand   Wald   Sturm

Lösung S. 227

WORTSUCHE 2

```
F C H A N D T U C H S E
G L B V U E S M Z N A T
O N T L R L L W B L B E
R G F L I E G E N A L A
E L S N D C C R O M H T
U L K G O Z K F I R S I
B S E B A T R E T C R Z
A O E C E B I N P A L I
E N D Z T P E D E R E R
R U W R T T Y L Z Y A T
O N E L L E T S E B G K
A A S K I L U S R L B E
M J K B S E S M O U L L
N N O T R A K A F I N E
```

Umwerfend	Handtuch	Karton	Blick
Büro	Mütze	Elektrizität	Gabel
Bestellen	Links	Rezeption	Fliegen

Lösung S. 228

WORTSUCHE 3

M	H	R	P	O	W	S	E	R	N	L	V
P	B	K	N	E	H	C	S	E	G	D	M
G	S	E	E	K	C	H	M	F	A	K	U
U	A	B	L	L	I	H	E	N	S	A	D
S	L	L	N	C	L	B	P	Y	F	N	T
F	E	D	E	R	D	E	F	I	A	I	G
B	A	M	R	A	N	R	R	T	M	S	R
A	S	E	N	N	E	I	N	B	N	T	P
K	H	S	T	R	A	E	H	N	E	E	E
I	M	K	H	U	T	Y	L	Z	F	R	C
D	A	E	V	F	S	T	R	A	P	E	G
T	M	K	J	E	M	I	O	K	E	U	C
F	D	S	A	N	U	F	A	H	U	D	H
L	G	Z	L	H	U	T	S	R	H	A	F

Kekse Strähne Berg Pech
Geschenk Kanister Umständlich Keller
Anrufen Fahrstuhl Feder Hüpfen

Lösung S. 229

WORTSUCHE 4

```
G K N R E D N A W N G A
T H O O E T L S F M U S
R F M R N E S T R I D N
E F R I S C H K A E S E
I M L E L L R J G Q I M
F U A N N E H F E M T R
E A M T E B F R Z G E A
N S E I R U Z E E B N M
E S S E R A E E I A E U
T I W R U I T L C T S P
T E F U F S T Z H E S S
E A D N N I L S E U M K
U K S G N D A R N K D L
H B Z C L U E S L H U E
```

Fragezeichen   Wunde   Reifen   Frischkäse
Stiefel   Orientierung   Wandern   Hütte
Umarmen   Müsli   Nest   Matratze

Lösung S. 230

WORTSUCHE 5

```
F E U R N H S A L O W Z
K N O P E E L H A E K L
O U A R N E M P L B U T
M L T U D C H U A R M B
R M J E P N U D E L N M
I A U P R N U G M A T E
H E S R E A F N D G R Z
C R E O U E Z I G K B T
S O V J E A N S C F W I
D F I E F L E O W Z M R
L O C K F F T Y T T S P
I B S T N D I A H I A S
B T N E M H A R N M E K
N S E J L D I B G A J I
```

Zwölf	Bildschirm	Rahmen	Dose
Feuer	Ordnung	Projekt	Träumen
Griff	Jeans	Nudeln	Spritze

Lösung S. 231

97

WÖRTER UND BUCHSTABEN IM VISIER

Und, und, und (Lösung S. 232)

Darius und Rebecca sind schon seit zehn Jahren ein Paar und haben vor sechs Jahren geheiratet. Mittlerweile haben sie bereits eine Tochter und einen Sohn, mit denen sie in einem schönen Haus wohnen. Die Kleine hört auf den Namen Monika und der ältere Sohn heißt Mirko. Heute wollen sie gemeinsam im Wald spazieren und ein Picknick genießen. So setzen sie sich schon am Morgen allesamt ins Auto und starten ihren Ausflug. Gegen neun Uhr kommen sie am Ziel an und setzen ihre Reise zu Fuß fort. An einer schönen Waldlichtung lassen sie sich nieder und breiten die Picknickdecke aus. Sie haben Weintrauben, Käsewürfel, geschmierte Brote und Kekse vorbereitet, die sie nun in den Brotdosen bereitstellen. "Und was ist mit den Getränken?", fragt Rebecca. Da fällt Darius ein, dass er die Flaschen und Becher im Kofferraum hat liegen lassen. Also machen er und Mirko sich auf den Weg zurück, während Rebecca und Monika schon zu schlemmen beginnen. Bei einem Picknick wird schließlich gegessen und getrunken!

Wie oft kommt das Wort "und" in dem Text vor?

"K" zählen (Lösung S. 233)

Nun nehmen Sie sich denselben Text noch einmal vor und zählen, wie oft der Buchstabe "K" verwendet wird. Vielleicht hilft Ihnen dabei das Führen einer Strichliste oder das Markieren/Durchstreichen der Buchstaben im Text.

Kein Wenn und Aber (Lösung S. 234)

Wenn es dunkel wird, fürchtet Lisa sich davor, allein in den ruhigen Straßen ihres Dorfes unterwegs zu sein. Heute muss sie aber noch einige Dinge erledigen, unter anderem einen wichtigen Brief abschicken. Wenn sie dies vergisst, steht ihre gesamte Karriere auf dem Spiel. Aber wer könnte ihr bloß Gesellschaft leisten, wenn sie sich hinaus in die Dunkelheit wagt? Sie ruft ihre beste Freundin Johanna an, aber diese hebt nicht ab. Wenn es doch nur möglich wäre, nicht eine solche Angst zu verspüren. Aber ohne eine klare Sicht bildet Lisa sich ständig gruselige Gestalten ein, wenn sie durch die

Landschaft von Bäumen geht. Plötzlich klingelt ihr Telefon. Es ist Johanna. Erwartungsvoll bittet Lisa ihre Freundin um den Gefallen, sie zu begleiten. "Klar, doch.", antwortet diese. "Aber nur, wenn wir danach gemeinsam etwas essen gehen.", lautet ihre Forderung. Lisa stimmt mit einem "Aber das ist doch klar!" voller Freude ein.

Wie oft kommen die Wörter "wenn" und "aber" in dem Text vor?

"U" zählen (Lösung S. 235)
Nun nehmen Sie sich denselben Text noch einmal vor und zählen, wie oft der Buchstabe "U" verwendet wird. Der Buchstabe "Ü" gehört jedoch nicht dazu.

Hast du sie noch alle? (Lösung S. 236)
Heute steht für alle Schüler des Gymnasiums ein großer Tag an. Alle zwei Jahre findet nämlich das beliebte Sportturnier statt und nun ist es wieder so weit. Als auch die letzte Schülerin in der Turnhalle ankommt, haben sich bereits alle versammelt und lauschen aufmerksam der Ansage des Direktors. Er beendet seine Eröffnungsrede mit den Worten, "Und nun alle Mann an die Startpunkte, damit es losgehen kann. Ich hoffe, ihr habt viel Spaß und, dass sich alle fair

untereinander verhalten".

Alle reden durcheinander und begeben sich an ihre Posten. Bei dem ersten Fußballspiel des heutigen Tages schauen sogar alle Lehrer gespannt zu. Doch die Bitte des Direktors wird nicht lange eingehalten. Plötzlich richten sich alle Augen auf den Schüler, der schreiend zu Boden fällt. "Sag mal, hast du sie noch alle?", schreit er seinen Gegenspieler an. Anscheinend wurde er geschubst und ist nun außer sich vor Wut. Doch alle anderen sorgen sich viel eher um die Gesundheit des Betroffenen, weswegen alle Lehrer sich sofort nach dem Erste-Hilfe-Koffer umsehen.

Wie oft kommt das Wort "alle" in dem Text vor? Tipp: Es versteckt sich außerdem einmal in einem längeren Wort.

"O" zählen (Lösung S. 237)
Nun nehmen Sie sich denselben Text noch einmal vor und zählen, wie oft der Buchstabe "O" verwendet wird. Der Buchstabe "Ö" gehört jedoch nicht dazu.

Was wären wir ohne Sprache?

Die Fähigkeit, zu sprechen, ist ein wesentliches Merkmal, mit dem sich der Mensch von der Tierwelt abhebt. Buchstaben bilden Wörter und wenn diese miteinander kombiniert werden, entstehen schließlich Sätze, die es uns erlauben, miteinander zu kommunizieren (vgl. 20). Dank der Sprache ist es uns möglich, Gedanken und Gefühle in Worte zu fassen und zum Ausdruck zu bringen, was in uns vorgeht. Wir können mit anderen Menschen in den Austausch treten und Unterhaltungen führen, aus denen wertvolle Beziehungen hervorwachsen. Solche sozialen Bindungen sind eines unserer größten Grundbedürfnisse, was Sprache umso wichtiger macht. Außerdem erleben wir die Welt in Sprache. Schließlich denken und beurteilen wir in den Worten, die wir kennen, und treffen demnach letztlich auch unsere Entscheidungen.

Allerdings ist es nicht selten der Fall, dass wir Ausdrucksweisen mit der Zeit vergessen, wenn wir sie nicht regelmäßig abrufen. In peinliches Stottern gerät niemand gern und es kann einen in den Wahnsinn treiben, einfach nicht auf das Wort zu kommen, das einem förmlich auf der Zunge liegt. Sich angemessen mitteilen zu können, wirkt sich unheimlich positiv auf die Lebensqualität eines jeden Menschen aus.

Daher widmet sich dieses Kapitel in vollem Umfang der Stärkung Ihres Sprachzentrums. Sowohl Ihr Wortschatz und die Rechtschreibung als auch der logische und kreative Umgang mit Worten werden gezielt trainiert, damit Sie weiterhin mit viel Redegewandtheit und Vokabular im Alltag agieren können. Die Aufgaben „Lücken füllen 3-4", „ABC-Geschichte", „Reimmaschine" und „Um den heißen Brei" eignen sich prima zum gegenseitigen Abfragen mit einem Partner oder in einer Gruppe!

Lücken füllen 1 (Lösung S. 238)

Erkennen Sie die Worte trotz der Lücken? Setzen Sie die fehlenden Buchstaben ein, um die Begriffe zu vervollständigen.

SCHL_TT__F_AHRT

SCHW_MMB__KEN

GE_D_ÖR_E

B_CHRÜ__EN

LI_BLI_GSE__EN

W_NT_RSCH__F

HE_ET__G

SC_NÜ_SEN_EL

K_CHB__H

_DV_NTS_RANZ

ABE_DM_HL

SC_L_GZEU_

TI_CHB_IN

SO_NENS_HI_M

FE__RZ_UG

SP_EL_LAT_

G_LD_UTO_AT

Lücken füllen 2 (Lösung S. 239)

WE_KZEU_KAS_EN
AR_EIT_P_A_Z
KR_NK_NH_U_
_EDERB__L
ST_OH_AL_
LI_B_SB_IE_
B_RG_AND_RUNG
_OPFK__SEN
E_ERI_G
H__RS_HN_TT
LI__ENST_FT
S_ORT_LEI_UNG
TA__HEND_EB
G_TTE_DI_NS_
_RA_GEN_AFT
E_NTE_AN_FE_T
SC_RE_BM_SCHI_E
V_RGE_ETZT_R
P_ERD_ST_LL

Lücken füllen 3 (Lösung S. 240)

Nun sind sogar ganze Wörter verloren gegangen. Füllen Sie die Lücken aus, um den Sätzen wieder einen Sinn zu verleihen.

Ein _ _ _ _ _ sieht aus wie ein gestreiftes Pferd.

Ich war so _ _ _ _ _ _ _, dass mir bereits _ _ _ Magen knurrte.

Lügen haben _ _ _ _ _ Beine.

Würde ich keinen _ _ _ _ _ _ tragen, würde meine Hose rutschen.

Da bin _ _ _ wohl ins Fettnäpfchen _ _ _ _ _ _ _ _.

Zum _ _ _ _ _ _ brauche ich _ _ _ _ _ Ofen.

September _ _ _ der _ _ _ _ _ _ Monat des Jahres.

_ _ _ Schwester meines Vaters ist meine _ _ _ _ _.

Mir _ _ _ _ _ mal gesagt, der _ _ _ _ _ _ bringt die Babys.

Im Wetter_ _ _ _ _ _ _ wurde Regen _ _ _ _kündigt.

_ _ _ _ du den Teller aufisst, scheint morgen die _ _ _ _ _.

Hast _ _ viele _ _ _ _ _ _ _ _ _ zum Geburtstag bekommen?

Wer _ _ _ an der Uhr _ _ _ _ _ _ _?

Ohne den Wecker hätte _ _ den Arzt_ _ _ _ _ _ verschlafen.

Noch letztens habe _ _ _ einen lustigen _ _ _ _ gehört.

_ _ _ kaputte Fahrrad muss _ _ _ _ _ _ _ _ _ werden.

Der Film war vom Anfang _ _ _ zum _ _ _ _ spannend.

Lücken füllen 4 (Lösung S. 241)

Am Montag ___ ich bei einem Geburtstag _____.

Sie ___ sich ____ über Kopf verliebt.

Hast __ schon alle Kekse _____?

Für _____ Luft wird das _____ geöffnet.

Der ___ hat nun mal nur 24 _____.

Mit der _____ haben ___ viele tolle Fotos __schossen.

Wenn ich _____ bekomme, ____ immer aufgeräumt.

Mit der _____ fällt das Sehen gleich viel _____.

_____ schadet der Gesundheit und _____ süchtig.

Morgens _____ die Vögel in meinem _____.

Der ____ meiner Tochter ist mein _____.

Den ___ trinkt er __ liebsten mit etwas _____.

Im Herbst _____ die Bäume ihre _____.

Wegen meiner Angst im _____ lasse ich das _____ an.

Griechenland ___ definitiv unser _____ Reiseziel.

Um ___ zu bleiben, _____ ich gerne mit dem Rad.

Magst __ lieber goldenen ____ silbernen Schmuck?

___ suche eine ____ für ___ schönen Blumen.

In dem _____ kannst du ___ deine Termine eintragen.

Buchstabensalat 1 (Lösung S. 242)

Die Buchstaben der folgenden Wörter sind durcheinandergeraten. Ihre Aufgabe ist es, den Begriff zu entschlüsseln und in der richtigen Reihenfolge aufzuschreiben.

LBSOGU	_ _ _ _ _ _
RCUDKRE	_ _ _ _ _ _ _
PMOTEETR	_ _ _ _ _ _ _ _
HÜFSÜKRCT	_ _ _ _ _ _ _ _ _
KSIPALT	_ _ _ _ _ _ _
ELLTRE	_ _ _ _ _ _
ENRSHEFER	_ _ _ _ _ _ _ _ _
LATPLCHTAESL	_ _ _ _ _ _ _ _ _ _ _ _
HISONRSTCES	_ _ _ _ _ _ _ _ _ _ _
SECMÄHNINHA	_ _ _ _ _ _ _ _ _ _ _
FFELLÖ	_ _ _ _ _ _
AEHKECSBWCN	_ _ _ _ _ _ _ _ _ _ _
TKALBTEEN	_ _ _ _ _ _ _ _ _
REKTAE	_ _ _ _ _ _
SSHHUUACHE	_ _ _ _ _ _ _ _ _ _
PNGNHZAESA	_ _ _ _ _ _ _ _ _ _
ZISPRNINSE	_ _ _ _ _ _ _ _ _ _

Buchstabensalat 2 (Lösung S. 242)

LSCHUUNGNEI	_____
ENÄKSUCHKE	_____
NGEUNTPASNS	_____
SÜKNTEIEIGß	_____
KKÜHNLRACHS	_____
FNESTSHCUARE	_____
EIKTLFSÜSGI	_____
ENLCKUBKAZTE	_____
ICHEHRÖNNEHC	_____
HELATPTERD	_____
PKTIORE	_____
LELEWAURED	_____
UTERNDMEH	_____
PIPETHC	_____
NIMAKEUFRE	_____
WPMINRE	_____
KLOINAUS	_____
STBUNEHOKCRE	_____

ABC-Geschichte (Lösung S. 244-246)

Nun ist Kreativität gefragt! Setzen Sie die folgende Geschichte sinnvoll fort und beachten Sie, dass der nächste Satz immer mit dem nächsten Buchstaben im Alphabet beginnt.

A Am Samstagmorgen weckten mich die Strahlen der Sonne durch mein Fenster.

B

C

D

E

F

G

H

I

J

K

L

M

N

O

P

Q

R

S

T

U

V

W

(X)

(Y)

Z

Vielleicht fällt Ihnen nun zum Ende sogar eine Überschrift für Ihre eigene Geschichte ein. Dann können Sie dem Werk noch einen Titel geben!

Reimmaschine 1 (Lösung S. 247)

Finden Sie für jedes vorgegebene Wort mindestens einen Reim!

Reim - Keim

Haus -

Schuss -

Wind -

Tuch -

Hahn -

Uhr -

Glas -

Ring -

Reimmaschine 2 (Lösung S. 247)

Asche -

Vier -

Blau -

Kanne -

Fisch -

Sonne -

Meer -

Schnee -

Schaum -

Um den heißen Brei 1 (Lösung S. 248)

In den folgenden Aussagen wird ziemlich "um den heißen Brei herum geredet". Können Sie den Begriff finden, der den Inhalt in nur einem Wort auf den Punkt bringt?

1. Mit jemandem über einen Anruf sprechen.

2. Etwas zu Papier bringen.

3. Nach jemandem oder etwas Ausschau halten.

4. Stelle, an der sich Wasser schnell und drehend bewegt.

5. Jemanden oder etwas gern haben

6. Eine Unterbrechung zum Verschnaufen.

7. Die Wohnung auf Vordermann bringen.

8. "Tschüss" zu jemandem sagen.

9. Vor Kälte unkontrollierte Muskelbewegungen machen.

Um den heißen Brei 2 (Lösung S. 249)

1. Die Jahreszeit, in der den Bäumen wieder Blätter wachsen.

2. Das Dokument, das zum Nutzen eines Kraftfahrzeugs befähigt.

3. Besitztümer einer anderen Person für bestimmte Zeit nutzen und anschließend zurückgeben.

4. Eine öffentliche Einrichtung für Glücksspiele.

5. Eine elektronische Nachricht.

6. Etwas, das erneut erwähnt wird, obwohl es bereits erzählt worden ist.

7. Eine freundliche und respektvolle Verhaltensweise, die von guten Manieren zeugt.

8. So leise sprechen, dass es kaum hörbar ist.

9. Ein haariges Werkzeug zum Auftragen von Farbe oder Flüssigkeit.

Schatzkammer der Erinnerungen

Wissen Sie noch, wie das Haus ausgesehen hat, in dem Sie aufgewachsen sind und Ihre Kindheit verbracht haben? In den folgenden sechs Aufgaben werden Ihnen verschiedene Themen vorgegeben, zu denen Sie Erinnerungen aus Ihrem Gedächtnis hervorkramen sollen. Es werden jeweils Leitfragen zur Orientierung gestellt, damit es ein wenig leichter fällt. Obwohl es zu Anfang ein wenig schwierig fallen mag, werden Sie mit hoher Wahrscheinlichkeit überrascht sein, wie viele Details Ihnen letztendlich einfallen, sobald der erste Schritt einmal getan ist. Denn in der Schatzkammer unserer Erinnerungen schlummern so viel mehr Informationen, als uns bewusst ist. Wir müssen sie uns nur hin und wieder einmal wieder zurück ins Gedächtnis rufen. Es steht Ihnen frei, ob Sie die Fragen stichpunktartig oder in einem Fließtext beantworten.

Anschließend folgen acht Aufgaben, in denen Sie die fehlenden Wörter zu vorgegebenen Sprichwörtern finden sollen. Dabei können Sie mit Sicherheit sogar noch die eine oder andere Lebensweisheit aufschnappen.

Der Effekt beider Übungen wird zusätzlich intensiviert, wenn Sie einen Gegenüber haben, um sich über die aufkommenden Erinnerungen auszutauschen. Manchmal kann es wirklich schön sein, in vergangenen Erlebnissen und Gefühlen zu schwelgen. Und das Gedächtnis wird dabei ganz nebenbei auch noch trainiert. Besser geht es doch kaum, oder?

Erinnern Sie sich? 1 (Lösung S. 250)
- An welchem Ort befand sich das Haus Ihrer Kindheit/ihre erste eigene Wohnung? Was ist ihnen bezüglich der Wohnumgebung in Erinnerung geblieben?
- Wie sah das Gebäude von außen aus? Welche Farben hatten die Mauern/Steine/das Dach? Gab es einen Garten

oder eine Auffahrt? Gab es Fenster, einen Postkasten oder Blumen zu sehen?

- Wie viele Zimmer waren in dem Haus/in Ihrer Wohnung vorhanden? Welche Gegenstände haben Sie im Badezimmer, in der Küche, im Schlafzimmer oder in anderen Räumen tagtäglich begleitet?
- Welche war Ihre absolute Lieblingsecke in dem Haus/in Ihrer Wohnung? Wo haben Sie sich am wohlsten gefühlt und besonders schöne Erfahrungen gehabt?

Erinnern Sie sich? 2 (Lösung S. 252)

Nun gehen Sie ganz ähnlich mit den Erinnerungen vor, die Sie noch an Ihre Schule oder Ihren ersten Arbeitsplatz haben.

- Wie sah das Gebäude von außen aus? Wie groß ist es gewesen? Welche Farben haben sich in Ihr Gedächtnis geprägt?
- In welcher Umgebung ist der Ort Ihrer Wahl vorzufinden gewesen? Gab es viel Natur oder handelte es sich eher um eine städtische Kulisse?
- Wie sind Sie tagtäglich zu dem Ort Ihrer Wahl gelangt? Gab es eine Buslinie oder sind Sie vielleicht gemeinsam mit

Ihren Freunden/Kollegen gelaufen/gefahren?

- Erinnern Sie sich noch an das Klassenzimmer/Ihr Arbeitsumfeld, die Möbel, Dekorationen, Werkzeuge und Hilfsmittel, die vorzufinden waren? Konnten Sie vielleicht aus dem Fenster schauen? Und wenn ja, was gab es dort zu sehen?

- Gab es auch hier einen persönlichen Lieblingsort, an dem Sie am liebsten Zeit verbracht haben? Möglicherweise ist das der Pausenraum, die Cafeteria oder der Außenhof gewesen.

Erinnern Sie sich? 3 (Lösung S. 253)

Möglicherweise sind Ihnen bei der vorherigen Übung bereits Erinnerungen an Ihre Schulfreunde oder ehemaligen Kollegen gekommen. Erinnern Sie sich nun an eine ganz bestimmte Person oder an eine Gruppe von Personen zurück, die Sie besonders gern gehabt haben.

- Wo und unter welchen Umständen haben Sie diese Person/Personen kennengelernt? Können Sie einschätzen, wann dies ungefähr stattgefunden haben muss?

- Wie hat/haben die Person/Personen ausgesehen? Haben sich bestimmte Merkmale wie die Größe, Frisur, der

Kleidungsstil oder das Lächeln bei Ihnen eingeprägt?
- Was hat/haben diese Person/Personen so besonders für Sie gemacht? Welche Eigenschaften haben Sie besonders geschätzt? Waren es vielleicht der unverwechselbare Humor und die aufrichtige Ehrlichkeit? Oder doch das tiefe Vertrauen ineinander und eine bedingungslose Hilfsbereitschaft?
- Können Sie sich noch an gemeinsame Aktivitäten oder ein ganz besonderes Erlebnis mit der Person/den Personen erinnern? Was haben Sie gerne zusammen unternommen? Welche Interessen haben Sie miteinander verbunden?

Erinnern Sie sich? 4 (Lösung S. 254)
Versuchen Sie als Nächstes, sich einen unvergesslichen Ausflug wieder vor Ihr inneres Auge zu rufen. Dabei könnte es sich beispielsweise um einen Tag am Meer, eine Klassenfahrt, die Flitterwochen, eine Urlaubsreise oder ein Konzert handeln.
- Wohin machten Sie den Ausflug Ihrer Wahl und aus welchem Grund hat es Sie damals genau zu diesem Ziel gezogen? Sind Sie mit dem Auto, dem Zug oder vielleicht sogar

mit einem Flugzeug verreist?

- Sind Sie allein oder mit anderen Personen unterwegs gewesen? Wer hat Ihnen bei dem Ausflug Gesellschaft geleistet? Haben Sie möglicherweise vor Ort neue Bekanntschaften geknüpft?

- Hat Ihnen die Umgebung des fremden Ortes gut gefallen? Sind Ihnen Dinge aufgefallen, die deutlich anders als in Ihrer Heimat waren? Wurden vielleicht andere Sprachen gesprochen, waren die Menschen offener oder gab es einfach mehr Verkehr?

- Woran können Sie sich noch von dem Tag/der Woche erinnern, als wäre es gestern gewesen? Was hat genau diesen Ausflug so besonders gemacht, dass Sie sich nun dafür entschieden haben, diesen hier festzuhalten?

- Würden Sie die Erfahrung gerne noch einmal erleben? Würden Sie sich dieselben Personen als Begleitung wünschen oder dieses Mal vielleicht etwas anders machen?

Erinnern Sie sich? 5 (Lösung S. 256)
Gibt es einen Ihrer Geburtstage, der besonders schön verlaufen ist? Ein Weihnachten oder ein Silvester, das im Gegensatz

zu den anderen Jahren irgendwie hervorsticht? Rufen Sie sich einen dieser Tage, der einen speziellen Platz in Ihrem Herz hat, wieder ins Gedächtnis.

- Wann hat der einzigartige Tag stattgefunden und was hat ihn anders als die anderen gemacht?
- Wo haben Sie dieses Mal gefeiert? War es bei Ihnen oder jemand anderem zu Hause oder hat sich das Ereignis vielleicht außerhalb abgespielt?
- Welche Personen waren außer ihnen noch anwesend? Haben Sie dabei geholfen, die Vorbereitungen zu treffen, oder haben das andere übernommen?
- Wie ist die Feier verlaufen? Können Sie sich noch daran erinnern, ob etwas gespielt worden ist, was gegessen wurde und was Sie am meisten an diesem Tag genossen haben?
- Gab es einen Moment oder ein Gespräch an diesem Tag, den/das Sie unmöglich vergessen können?
-

Erinnern Sie sich? 6 (Lösung S. 257)
Es heißt, dass das Leben wie ein Bumerang ist: Für alle guten Taten wird man eines Tages im Gegenzug belohnt. Erinnern Sie sich an eine Situation, in denen Ihnen jemand geholfen

hat? Möglicherweise ist Ihnen andersherum eine Erfahrung im Gedächtnis geblieben, in der Sie helfen konnten.

- Um was für eine Situation handelte es sich? Wieso waren Sie selbst oder die andere Person in Not? Handelte es sich vielleicht um finanzielle Hilfebedürftigkeit, Orientierungslosigkeit in den Straßen einer fremden Stadt oder einfach nur um den Wunsch nach einem gut gemeinten Rat?
- In welcher Beziehung standen Sie und die andere Person zueinander? Spielte es sich zwischen Familienangehörigen, Freunden oder Fremden ab?
- Wie genau sah die Hilfeleistung aus? Reichte ein vertrauensvolles Gespräch aus? Wurde eine Mahlzeit ausgegeben oder etwas Bargeld gespendet?
- Welches Gefühl hat es bei Ihnen hinterlassen, Hilfe zu leisten oder von anderen zu erfahren?
- Haben Sie etwas aus dem Erlebnis gelernt? Ist gegenseitige Hilfe und Unterstützung weiterhin eine Tugend geblieben, die Sie pflegen?

Sprichwörter ergänzen 1 (Lösung S. 260)

Auf Biegen und _____.

_____ hat Gold im Mund.

Eine Hand _____ die andere.

Kleider machen _____.

_____ liegt die Würze.

Ohne Fleiß - _____.

_____ Wasser sind tief.

Jeder ist seines Glückes _____.

Was sich _____, das liebt sich.

_____ fällt nicht weit vom Stamm.

Probieren geht über _____.

Aus den _____, aus dem Sinn.

_____ macht den Meister.

Wer A sagt, muss auch _____.

Blut ist _____ als Wasser.

_____ gibt nach.

Wer nicht wagt, der _____.

Wer _____, der rostet.

_____, muss leiden.

Wie du mir, so _____.

Sprichwörter ergänzen 2 (Lösung S. 261)

Das Auge _____ mit.

_____ führen nach Rom.

Was du heute kannst besorgen, das _____ nicht auf morgen.

Wer anderen eine Grube gräbt, _____.

Wer den Pfennig nicht ehrt, ist des _____.

_____ sind drei.

Andere Länder, _____.

Aller Anfang ist _____.

_____, das man dir tut,

das füg auch keinem anderen zu.

Reden ist Silber, _____ ist Gold.

_____ ist die beste Medizin.

Wer zuletzt lacht, lacht _____.

_____ kann Berge versetzen.

Besser spät _____.

Alles hat ein Ende, nur _____.

_____ bestätigen die Regel.

Aufgeschoben ist nicht _____.

Auch _____ haben schöne Töchter.

Wahre _____ kennt kein Alter.

Sprichwörter ergänzen 3 (Lösung S. 262)

Zwei Dumme, ein _____.

Ein Satz mit "x", das war wohl _____.

_____, das muss.

Abwarten und _____ trinken.

Das Gerücht ist immer größer als die _____.

Auch ein _____ Huhn findet mal ein Korn.

Den Wald vor lauter _____ nicht sehen.

Wie man in den Wald _____, so schallt es heraus.

Nicht einmal der _____ ist umsonst.

_____ tut selten gut.

Schlafende Hunde soll man nicht _____.

Pech im _____, Glück in der Liebe.

Worten sollten _____ folgen.

Alles Gute kommt von _____.

Das _____ ist ein Fenster zur Seele.

_____ währt am längsten.

Ein Unglück kommt _____ allein.

Harte Schale, _____.

Knapp _____ ist auch vorbei.

Sprichwörter ergänzen 4 (Lösung S. 263)

Zeit heilt alle _____.

Am _____ wird der Faule fleißig.

Auch _____ wurde nicht an einem Tag gebaut.

_____ bringt Sorgen.

Braune Augen sind _____, aber in der Liebe ehrlich.

Wer nicht will, der _____.

_____ ist Mord.

Passt wie die _____ aufs Auge!

_____ macht erfinderisch.

Nach dem Essen sollst du _____ oder tausend Schritte tun.

Wer einmal lügt, dem _____, wenn er auch die Wahrheit spricht.

_____ ist mehr.

Große _____, nichts dahinter.

_____ ist halbes Leid.

Kleine Kinder, _____.
Große Kinder, große Sorgen.

Wer nicht kommt _____, der muss sehen was übrig bleibt.

Der _____ macht die Musik.

Sprichwörter ergänzen 5 (Lösung S. 264)

Alles neu macht der _____.

Des einen _____ ist des anderen Freud.

Wer _____, der lügt.

Klein, aber _____.

Von _____ kommt nichts.

Das Leben ist kein _____.

_____ kommt vor dem Fall.

In der größten Not schmeckt die _____ auch ohne Brot.

Wenn man vom _____ spricht, dann kommt er gelaufen.

_____ macht blind.

Wer im _____ sitzt, sollte nicht mit Steinen werfen.

Der Neider sieht nur das _____, aber den Spaten sieht er nicht.

Selbst ist die _____!

Weggegangen, _____ vergangen.

Für jeden _____ gibt es einen passenden Deckel.

_____ geht vor Schönheit.

Einbildung ist auch eine _____.

_____ sind keine Herrenjahre.

Sprichwörter ergänzen 6 (Lösung S. 265)

Die Letzten werden die _____ sein.

_____ ist die schönste Freude.

Wenn sich zwei streiten, freut sich _____.

_____ ist süß.

Du sollst den Tag nicht vor dem Abend _____.

_____ tut weh.

Die _____ stirbt zuletzt.

Wenn man dir _____, dann nimm. Wenn man dir nimmt, dann schrei.

Es ist nicht alles _____, was glänzt.

_____ hält besser.

Liebe geht durch _____.

Erst die Arbeit, dann das _____.

Wo _____ ist, da ist auch Licht.

Eifersucht ist eine Leidenschaft, die mit _____ sucht, was Leiden schafft.

Leben und leben _____.

Aus _____ klug.

Der April macht _____.

_____ stinkt.

Eile mit _____.

140

Sprichwörter ergänzen 7 (Lösung S. 266)

Alte Liebe _____ nicht.

_____ wie Hose.

Es ist noch kein _____ vom Himmel gefallen.

Wie _____, so zerronnen.

Quantität ist nicht gleich _____.

Dummheit schützt vor _____ nicht.

Alles zu seiner _____.

Das Glück der Erde liegt auf dem _____ der Pferde.

An Gottes _____ ist alles gelegen.

Der _____ fängt den Wurm.

Schönheit liegt im Auge des _____.

Der _____ ist das Ziel.

Auch ein schöner _____ kann entzücken.

_____ kostet nichts.

Geld macht nicht _____, aber es beruhigt.

Der Kunde ist _____.

Lange _____, kurzer Sinn.

Nur die Harten kommen in den _____.

Vorsicht ist _____ als Nachsicht.

Sprichwörter ergänzen 8 (Lösung S. 267)

Wer die _____ hat, hat die Qual.

Vertrauen ist gut, _____ ist besser.

Der Trunk nimmt die Sorgen, aber nur bis _____.

Was man nicht im _____ hat, muss man in den Beinen haben.

Vier _____ sehen mehr als zwei.

Der Weg zum _____ ist nicht mit Rosen gepflastert.

Von _____ und Liebe kann man nicht leben.

In der _____ liegt die Kraft.

Wer's _____, wird selig.

_____ nicht in die Hand, die dich füttert.

Der _____ nennt sich immer zuerst.

Wo ein _____ ist, ist auch ein Weg.

Jede Münze hat _____.

Das _____ Rad am Wagen sein.

_____ ist Geld.

Geiz ist die größte _____.

Wer _____ kommt, mahlt zuerst.

Trautes _____, Glück allein.

_____ soll man nicht aufhalten.

Aktivierung des Kurzzeitgedächtnisses

Wie Sie bereits in der Einführung gelernt haben, ist hauptsächlich das Kurzzeitgedächtnis von den altersbedingten Abbauprozessen im Gehirn betroffen. Es ist daher umso wichtiger, sich nicht der Rolle des vergesslichen Seniors zu fügen, sondern eigenverantwortlich gegen die potenzielle Leistungsminderung anzugehen. Zum einen wird dies dadurch erreicht, dass Sie stets im Hinterkopf behalten, dass Vergessen menschlich und nicht sofort ein Grund zur Sorge ist. Jeder kennt die Situation, einen Raum zu betreten und bereits vergessen zu haben, was man dort eigentlich wollte.

Genauso wenig sind Sie allein damit, Namen direkt wieder zu vergessen, nachdem sich jemand neu bei Ihnen vorgestellt hat.

Aber so muss es nicht sein. Womit wir zum zweiten Aspekt kommen, um nicht als schusseliger Rentner abgestempelt zu werden. Wie Sie sich wahrscheinlich denken können, ist dies gezieltes Training. Hierfür wurden Ihnen auf den folgenden Seiten drei Fragenkataloge zusammengestellt, die Sie auffordern, sich an kürzlich geschehene Ereignisse zurückzuerinnern. Das Beste ist, dass Sie diese Aufgaben mehr als nur einmal durchführen können. Um das Kurzzeitgedächtnis regelmäßig zu stärken, stellen Sie sich die Fragen immer wieder in bestimmten Abständen. Es bietet sich zum Beispiel an, wöchentlich aktuelle Antworten zu finden. Je öfter Sie üben, desto seltener werden Ihnen andere Informationen im Alltag entfallen. Vielleicht findet sich ja ein Trainingspartner, der sich regelmäßig mit Ihnen gemeinsam den Fragen stellt. Abgerundet wird die Kurzzeitgedächtnis-Einheit mit Kopfrechenaufgaben, die Sie nach kurzer Wieder-Eingewöhnungsphase sicherlich mit Bravour meistern werden!

Alltagsquiz 1 (Lösung S. 268)

1. Was haben Sie zuletzt gekocht?

2. Was haben Sie zuletzt geputzt/aufgeräumt?

3. Nennen Sie fünf Namen Ihrer Familienangehörigen und den dazugehörigen Verwandtschaftsgrad.
   -
   -
   -
   -
   -

4. Weswegen sind Sie zuletzt bei einem Arzt gewesen?

5. Was haben Sie zuletzt im Fernsehen gesehen?

6. Welche Kleidung haben Sie gestern getragen?

Alltagsquiz 2 (Lösung S. 268)
1. Mit wem haben Sie das letzte Mal telefoniert?

2. Mit wem haben Sie das letzte Mal eine persönliche Unterhaltung geführt?

3. Wann und aus welchen Grund haben Sie das letzte Mal das Haus verlassen?

4. Welcher Tag ist heute? (Wochentag und Datum)

5. Um welche Uhrzeit sind Sie gestern zu Bett gegangen?

6. Um welche Uhrzeit sind Sie heute aufgestanden?

7. Welche Übung haben Sie in diesem Buch vor dem Alltagsquiz durchgeführt?

8. Was haben Sie gemacht, bevor Sie dieses Buch aufgeschlagen haben?

Alltagsquiz 3 (Lösung S. 269)
1. Was haben Sie zuletzt gefrühstückt?

2. Was haben Sie zuletzt zu Mittag gegessen?

3. Was haben Sie zuletzt zu Abend gegessen?

4. Was haben Sie zuletzt gekauft?

5. Wie hoch ist der Betrag, den Sie dafür bezahlt haben, gewesen?

6. Welche Worte haben Sie zuletzt laut ausgesprochen?

7. Wann haben Sie das letzte Mal Ihre Haare gewaschen?

8. Wann saßen Sie das letzte Mal in einem Auto/Bus/Zug?

9. Wann haben Sie das letzte Mal laut lachen müssen?

KOPFRECHNEN 1

16 +13	18 +17	21 +15	34 +22
56 +15	44 +31	70 +21	38 +12
81 +43	90 +13	25 +32	36 +53
18 +93	68 +24	53 +12	74 +32
62 +52	94 +23	22 +71	68 +40

Lösung S. 270

KOPFRECHNEN 2

43 +15	22 +26	13 +29	37 +17
52 +38	25 +31	44 +27	60 +22
38 +13	39 +24	25 +25	19 +29
55 +15	28 +24	51 +32	80 +32
72 +27	50 +45	49 +17	70 +50

Lösung S. 271

KOPFRECHNEN 3

57 − 14	123 −20	73 −9	44 −17
62 −31	25 −8	58 −25	60 −22
40 −12	95 −45	111 −51	86 −38
52 −19	128 −40	157 −43	102 −80
72 −27	50 −45	49 −17	27 −13

Lösung S. 272

KOPFRECHNEN 4

119 -107	40 -29	76 -32	34 -17
63 -45	48 -19	132 -28	67 -34
12 -6	95 -26	88 -51	142 -44
77 -35	115 -69	129 -22	80 -57
94 -36	50 -12	39 -14	66 -38

Lösung S. 273

KOPFRECHNEN 5

314	200	282	88
5	40	12	7
+ 23	+ 22	+ 14	+165

42	50	63	26
19	40	12	7
+23	+13	+20	+70

14	57	63	174
13	65	15	22
+12	+22	+19	+45

112	22	36	71
63	95	152	22
+20	+122	+91	+54

Lösung S. 274

KOPFRECHNEN 6

314	200	282	88
5	40	12	7
- 23	- 22	- 14	- 65

42	50	63	26
19	40	12	7
- 23	- 3	- 20	- 10

14	57	63	174
3	5	15	22
- 10	- 22	- 19	- 45

112	122	152	71
63	95	36	2
- 20	- 12	- 30	- 54

Lösung S. 275

Die Kunst des Multitaskings

Wussten Sie, dass sich etwa 20 % des gesamten Energieverbrauchs auf das Gehirn zurückführen lassen und das bereits, wenn es sich nur im Ruhezustand befindet? Während Denksportaufgaben wie in diesem Buch sind es sogar ganze 50 %, die beansprucht werden. Besonders viel Energie wird für Multitasking benötigt, sprich, dem ständigen Wechsel zwischen verschiedenen Herausforderungen (vgl. 21). Trotzdem lässt es sich im Alltag kaum vermeiden, dass mehrere Überlegungen gleichzeitig von uns bedacht werden müssen. Aus diesem Grund werden in diesem Kapitel all die Teilaspekte, die Sie zuvor bereits trainiert haben, in den Aufgaben kombiniert. Gehen Sie beim Lösen achtsam mit Ihren Ressourcen um. Bei dem hohen Energieverbrauch, den Multitasking mit sich bringt, kann einem schon einmal schnell der Kopf qualmen. Dabei soll erfolgreiches Gedächtnistraining stets Spaß machen und nicht zu Frustration und Verausgabung führen. Wie dem auch sei, nach dieser Trainingseinheit wird Ihnen Multitasking auch im Alltag leichter fallen, was Ihnen jede Menge Zeit und Nerven einsparen kann. Runden Sie also nun ab, wofür Sie in den vorherigen Kapiteln bereits die perfekte Grundlage geschaffen haben. Die Übungen „Anton ackert am Abend allein" und „Wörter umschreiben" eignen sich erneut bestens für Rätselspaß in Gemeinschaft mit Freunden oder Familienangehörigen!

Anton ackert am Abend allein (Lösung S. 276)

Finden Sie für die folgenden Buchstaben Sätze, die aus jeweils fünf Wörtern mit immer denselben Anfangsbuchstaben bestehen. Sie können sich dabei an dem Titel dieser Übung "Anton ackert am Abend alleine" orientieren.

B -

(C) -

D -

E -

F -

G -

H -

I -

J -

K -

L -

M -

N -

O -

P -

(Q) -

R -

S -

T -

U -

V -

W -

Z -

Sinn finden 1 (Lösung S. 278)

und - wenn - Kaffee - ins - Eindruck - nämlich - zwar - Mitarbeiter - da - noch - dort - Richtungen - Teilzeit - allerdings - Glück - beiden - Jens

Mein neuer _____ heißt Jens. Er hat einen wirklich sympathischen _____ auf mich gemacht. _____ wir gemeinsam Mittagspause gemacht haben, sind wir _____ Gespräch gekommen. Er arbeite _____ schon lange als Steuerberater, jedoch nur in _____. Nebenbei habe er _____ einen Bauernhof. _____ lebt er mit seiner Familie _____ vielen Tieren. Seine _____ Söhne können bei der Aufrechterhaltung des Hofs zum _____ schon gut mithelfen. Aufgrund meines Interesses hat _____ mich sogar zu einem _____ bei sich zu Hause eingeladen. Das müssen wir _____ ein anderes Mal machen, _____ einer von uns mit dem Auto zur Arbeit kommt. Heute waren wir _____ beide mit dem Fahrrad unterwegs und wir wohnen leider in völlig verschiedenen _____.

Sinn finden 2 (Lösung S. 278)

schließlich - später - Freudensprünge - am - sogar - achtjährige - schlüpft - Schnee - gemütlich - unbedingt - Tee - Raum - ein - auch - anfängliche - Spaß - zehn - Kälte

Leise rieselt der _____ vor unserem Fenster, während wir uns _____ Kaminfeuer wärmen. Alle haben es sich bereits _____ gemacht, doch das jüngste Familienmitglied im _____ möchte draußen spielen. Die _____ Lara hört einfach nicht auf zu nörgeln und möchte _____ einen Spielkameraden haben. _____ gebe ich nach und willige _____. Lara macht _____. Sie _____ in ihrem Schneeanzug und _____ ich ziehe mich warm an. Nach wenigen Minuten im Garten verblasst meine _____ Lustlosigkeit. Wir haben einen riesigen _____ und der Schnee ist _____ fest genug, um daraus einen Schneemann zu bauen. Eine Stunde und _____ Schneebälle an meinem Rücken _____ habe ich trotzdem genug. Vor lauter _____ freut Lara sich nun aber auch auf das Feuer und einen warmen _____.

Sinn finden 3 (Lösung S. 279)

Französisch - Wiedersehen - verreist - Arme - Enkelin - wieder - klingelt - isst - während - gefehlt - Bärbel - ganz - dass - Brille - Pfannkuchen - lauscht - um - siehst - aber

Bärbel hat ihre _____ Jessica schrecklich vermisst, _____ diese für ein halbes Jahr im Rahmen eines Austauschprogramms _____ war. Doch nun ist sie _____ im Lande und _____ hat bereits das perfekte _____ vorbereitet. Als es an der Tür _____, stürmt sie los und nimmt Jessica _____ fest in die _____. Genüsslich verspeisen sie die _____, von denen Bärbel weiß, _____ Jessica sie so gerne _____. Gespannt _____ sie den Erzählungen ihrer Enkelin und setzt ihre _____ auf, _____ die vielen Fotos zu begutachten. "Wie du _____, habe ich viel erlebt und mein _____ hat sich auch verbessert", sagt Jessica. "_____ deine Pfannkuchen haben mir trotzdem _____!"

Sinn finden 4 (Lösung S. 280)

erkundigt - Bibliothek - Gefühl - aber - Weile - dass - Mut - bitten - gemeinsamen - Kopf - verliebt - beiden - Tanzpartner - sicherlich - vor - endlich - begleiten - Donnerstagabend - zwar - über

Nils ist schon eine ganze _____ in seine Mitschülerin Rieke _____. Bisher hatte er jedoch noch nie den _____, seinen Schwarm um eine Verabredung zu _____. Nun sitzen die _____ allein in der _____, als Nils die Chance _____ ergreift. Er schlägt Rieke einen _____ Kinobesuch am Abend _____. Sie entgegnet, _____ sie jeden _____ zur Tanzschule müsse. Nils _____ sich, ob sie denn einen _____ hätte, woraufhin Rieke verlegen den _____ schüttelt. "Na, dann könnte ich dich doch _____, oder nicht?", fragt Nils. Tanzen konnte er _____ nicht besonders gut, _____ mit Rieke würde es _____ Spaß machen. Als sie zustimmt, grinst er _____ beide Ohren und hat das _____, sein Herz würde um einiges schneller schlagen.

Wörter umschreiben 1 (Lösung S. 280)

Erklären Sie die folgenden Begriffe, ohne die Worte selbst zu verwenden. Ihre Umschreibung können Sie hier schriftlich festhalten. Darüber hinaus bietet es sich bei dieser Übung besonders gut an, mit einem Partner zu arbeiten. Beispielsweise könnten Sie ein lustiges Ratespiel veranstalten, bei dem Ihr Gegenüber den Begriff anhand Ihrer Beschreibung erraten muss.

Spion:

Sonnenuntergang:

Fitnessstudio:

Bügeleisen:

Briefmarke:

Wörter umschreiben 2 (Lösung S. 282)
Teebeutel:

Gangschaltung :

Geschenkpapier:

Sonnenbrand:

Rucksack:

Badewanne:

Wörter umschreiben 3 (Lösung S. 284)

Bilderrahmen:

Besteck:

Türklingel:

Garten:

Einkaufswagen:

Zunge:

Wörter umschreiben 4 (Lösung S. 285)
Hörgerät:

Winterschlaf:

Schlittschuhe:

Grippe:

Schneemann:

Kino:

Wörter umschreiben 5 (Lösung S. 286)

Radio:

Insel:

Baustelle:

Kutsche:

Verwandtschaft:

Schauspieler:

Ein bisschen Spaß muss sein

Dann ist die Welt voll Sonnenschein und das Gedächtnistraining gleich um einiges effektiver! Denn wie bereits erwähnt, spielen emotionale Verknüpfungen eine große Rolle beim Prozess des Abspeicherns von Informationen. Der Fragenkatalog in diesem Kapitel wird Sie zu hundert Prozent das ein oder andere Mal zum Schmunzeln bringen und wenn Sie das nächste Mal mit etwas Witz bei Ihren Mitmenschen punkten wollen, können Sie dies auf jeden Fall auch mit einem der folgenden flinken Sprüche erreichen.

Die Fragen lassen sich nicht unbedingt mit Logik, sondern eher mit etwas Kreativität und Wortspiel beantworten. Man könnte sagen, Humor ist der letzte Schliff, der noch fehlt, um Ihr Gedächtnistraining zu perfektionieren. Denn was nützt schon steifes Abrufen von Fakten, wenn nicht auch einmal ein wenig gelacht und gescherzt werden darf? Dazu gehört auch, einmal über sich selbst lachen zu können.

Erlauben Sie es sich, Fehler zu machen, und nehmen Sie das Gedächtnistraining niemals zu ernst. Dann vergeht schnell die Lust und das zugrunde liegende Ziel wird aus den Augen verloren. Im Endeffekt ist das Streben nach geistiger Fitness doch nur ein weiterer Ausdruck dafür, ein glückliches Leben zu führen. Die abschließende Übung soll Sie daran erinnern, dieses Ziel nicht aus den Augen zu verlieren, während Sie in Zukunft fleißig weiter üben. Also machen Sie sich bereit, Ihre kreative Ader frei fließen zu lassen, die Bauchmuskulatur etwas zum Lachen zu beanspruchen und den einen oder anderen Aha-Moment zu erleben, wenn Sie die Lösungen ab Seite 288 nachschlagen.

1. Welcher Tag ist der gefährlichste für ein U-Boot?

2. Wenn der Bruder der Tante nicht der Onkel ist, wer ist er dann?

3. Welche Bauern sind keine Landwirte?

4. Was schafft einer Wolke Linderung bei Juckreiz?

5. Womit öffnet ein Skelett verschlossene Türen?

6. Welche Vögel können nicht hören?

7. Wie lautet das Gegenteil von Katalog?

8. Warum haben Menschen mit einer Glatze keinen Streit?

9. Wieso mögen Mäuse keinen Alkohol?

10. Womit beginnt der Tag und endet die Nacht?

11. Welches Spiel wird nicht gespielt?

12. In welchem Zug ist nur Platz für einen Menschen?

13. Was hat zwei Beine, aber kann nicht laufen?

14. Welchen Hahn hört man nie krähen?

15. Durch welche Hupe wird kein Lärm verursacht?

16. Welche Tomaten sind nicht essbar?

17. Welches Gemüse ist immer in lustiger Stimmung?

18. Ist ein Kilogramm Eisen oder Federn schwerer?

19. Was geschah am 6.6.666 um 6:66 Uhr?

20. Was ist beim Elefanten klein und beim Floh groß?

21. Welche Birne wird niemals verfaulen?

22. Auf welcher Tafel kann nicht geschrieben werden?

Auflösungen

UM DIE ECKE DENKEN MIT KREUZWORTRÄTSELN

Rätsel 1

1) Mathematik
2) FKK
3) Neutral
4) Ostern
5) Rheuma
6) Helm
7) Hund
8) Mindestens
9) Arzt
10) Ohrwurm

Rätsel 2

1) Silvester
2) Giraffe
3) Athen
4) Gitarre
5) Birke
6) Gold
7) Begabt
8) Mais
9) Tagebuch
10) Donau

Rätsel 3

1) Tankstelle
2) Partei
3) Optimismus
4) Angsthase
5) Kompass
6) Eule
7) neckt
8) Karneval
9) teuer

10) Eva

Rätsel 4

1) Urologe
2) Dom
3) Advent
4) Leverkusen
5) Amsel
6) Diabetes
7) Sigrid
8) Chirurg
9) Stockholm
10) passiv

Rätsel 5

1) Flugzeug
2) Zufall
3) Duft
4) Fuchs
5) Asthma
6) Blamage
7) Reeperbahn
8) Marmor

9) Zagreb

10) Tarzan

Rätsel 6

1) Grünkohl

2) Mikrowelle

3) Oft

4) Vegetarier

5) Zeiger

6) Christentum

7) London

8) Lehrer

9) Zwilling

10) Eis

Rätsel 7

1) Marmelade

2) Bunt

3) Engagement

4) Gedicht

5) Venedig

6) Nebel

7) Alphabet

8) Joggen

9) Jonglieren

10) Mozart

Rätsel 8

1) Wahrheit

2) Aal

3) Vorfahrt

4) Volk

5) Thank you

6) Terrasse

7) Proton

8) Everest

9) Kaffee

10) Ass

Rätsel 9

1) Jungfrau

2) Heiser

3) Semester

4) Buddhismus

5) Überschrift

6) Amen

7) Jugend

8) Herr

9) brav

10) Obama

Rätsel 10

1) Eiffelturm

2) Intoleranz

3) Spende

4) Alien

5) Laptop

6) Smartphone

7) ProSieben

8) Beige (sandfarben)

9) Rübe

10) Merkel

Rätsel 11

1) Banane

2) Birne

3) Erdbeere

4) Apfel

5) Weintraube

6) Ananas
7) Melone
8) Kirsche
9) Orange
10) Kiwi

Rätsel 12
1) Elektriker
2) Maurer
3) Landwirt
4) Architekt
5) Koch
6) Polizist
7) Krankenpfleger
8) Anwalt
9) Pilot
10) Soldat

Rätsel 13
1) Niederlande
2) Belgien
3) Österreich
4) Luxemburg

5) Polen
6) Spanien
7) Italien
8) Irland
9) Dänemark
10) Ungarn

Rätsel 14

1) Sommerzeit
2) Sonne
3) Strand
4) Urlaub
5) Badesee
6) Hitze
7) Schwimmen
8) Grillen
9) Gewitter
10) Bikini

Rätsel 15

1) Blumenkohl
2) Brokkoli
3) Tomate

4) Kohlrabi
5) Karotte
6) Kartoffel
7) Salat
8) Paprika
9) Spinat

IST DOCH LOGISCH, ODER?

WÜRFEL ERGÄNZEN 1

Schwierigkeitsgrad ★

2 + 6 = 8   4 + 6 = 10

4 + 3 = 7   1 + 1 = 2

6 + 6 = 12   4 + 2 = 6

5 + 3 = 8   5 + 6 = 11

4 + 1 = 5   3 + 3 = 6

5 + 2 = 7   4 + 5 = 9

1 + 2 = 3   2 + 3 = 5

WÜRFEL ERGÄNZEN 2

Schwierigkeitsgrad ★★

2 + 6 − 1 + 3 = 10

1 + 3 − 2 + 4 = 6

5 + 2 − 4 + 6 = 9

1 + 3 − 4 + 2 = 2

4 + 2 − 2 + 3 = 7

6 + 2 − 5 + 1 = 4

3 + 5 − 2 + 4 = 10

WÜRFEL ERGÄNZEN 3

Schwierigkeitsgrad ★★

3 + 6 − 5 + 3 = 6

4 + 4 − 3 + 6 = 11

1 + 5 − 4 + 3 = 4

6 + 3 − 5 + 3 = 5

6 + 3 − 3 + 5 = 12

4 + 1 − 5 + 3 = 3

3 + 3 − 1 + 4 = 8

GEGENSÄTZE ZIEHEN SICH AN 1

Schwierigkeitsgrad

Verbinden Sie die Wortpaare, die einen Gegensatz darstellen, mit einer Linie!

hoch	langsam
kalt	alt
nass	viel
jung	warm
weich	hell
dunkel	böse
wenig	trocken
gut	hart
ängstlich	mutig
schnell	tief

198

GEGENSÄTZE ZIEHEN SICH AN 2

Schwierigkeitsgrad

Verbinden Sie die Wortpaare, die einen Gegensatz darstellen, mit einer Linie!

ordentlich	leise
laut	dünn
Nacht	chaotisch
reich	geschlossen
dick	teuer
stark	Tag
Himmel	Hölle
offen	dumm
billig	schwach
klug	arm

GEGENSÄTZE ZIEHEN SICH AN 3

Schwierigkeitsgrad

Verbinden Sie die Wortpaare, die einen Gegensatz darstellen, mit einer Linie!

fern	langweilig
gesund	krank
Engel	verabschieden
hungrig	nah
begrüßen	satt
spannend	Teufel
krumm	lachen
Freund	ruhig
hektisch	Feind
weinen	gerade

SYNONYME FINDEN 1

Schwierigkeitsgrad

Verbinden Sie die Wortpaare, die eine gleiche Bedeutung haben, mit einer Linie!

Fahrzeug	säubern
Geld	wahnsinnig
verrückt	verbessern
optimieren	Auto
Essen	köstlich
komplett	Fokus
waschen	Zahlungsmittel
lecker	korrekt
richtig	Mahlzeit
gewiss	sicher
Konzentration	vollständig

SYNONYME FINDEN 2

Schwierigkeitsgrad

Verbinden Sie die Wortpaare, die eine gleiche Bedeutung haben, mit einer Linie!

perfekt	Gegner
Abmachung	vollkommen
Charisma	Ausstrahlung
rennen	Überblick
Konkurrent	Harmonie
Einklang	Vereinbarung
Übersicht	spurten
Inszenierung	jetzt
Stille	Schweigen
gegenwärtig	Couch
Sofa	Schauspiel

SYNONYME FINDEN 3

Schwierigkeitsgrad

Verbinden Sie die Wortpaare, die eine gleiche Bedeutung haben, mit einer Linie!

Nachricht	unwichtig
Schädel	Zauber
lila	Kopf
irrelevant	Beschwerden
Einbildung	Vermutung
Magie	violett
Glaube	Botschaft
Verdacht	Religion
weglaufen	Illusion
Leiden	Wohnsitz
Adresse	flüchten

KATEGORISIEREN 1

Schwierigkeitsgrad

Ordnen Sie die verschiedenen Begriffe der passenden Oberkategorie zu.

Oliven	Salat	Schloss	Schule	Papagei
Qualle	Giraffe	Känguru	Milch	Einkaufs-zentrum
Wolf	Park	Pizza	Käfer	Keks
Sporthalle	Museum	Schokolade	Kuh	Nuss

TIERE
Papagei
Qualle
Giraffe
Känguru
Wolf
Käfer
Kuh

ORTE
Schloss
Schule
Einkaufszentrum
Park
Sporthalle
Museum

NAHRUNG
Oliven
Salat
Milch
Pizza
Keks
Schokolade
Nuss

KATEGORISIEREN 2

Schwierigkeitsgrad

Ordnen Sie die verschiedenen Begriffe der passenden Oberkategorie zu.

Mantel	Hockey	Rose	Socken	Mütze
Ballett	Tulpe	Rock	Fußball	Reiten
Efeu	Hose	Vergissmeinnicht	Yoga	Pullover
Krokus	Maiglöckchen	Basketball	Golf	Rucksack

KLEIDUNG
- Mantel
- Socken
- Mütze
- Rock
- Hose
- Pullover
- Rucksack

SPORTART
- Hockey
- Ballett
- Fußball
- Reiten
- Yoga
- Basketball
- Golf

PFLANZE
- Rose
- Tulpe
- Efeu
- Vergissmeinnicht
- Krokus
- Maiglöckchen

KATEGORISIEREN 3

Schwierigkeitsgrad

Ordnen Sie die verschiedenen Begriffe der passenden Oberkategorie zu. Zur Erinnerung: Nomen sind Was-Wörter, Verben sind Tu-Wörter und Adjektive sind Wie-Wörter.

grübeln   braun   Verständnis   zaghaft   Pferd

vorbereitet   Zucker   Kugelschreiber   niedlich   servieren

rauchen   Bahnhof   gepflegt   Schmuck   lieben

gebildet   reisen   Kamera   lernen   riesig

NOMEN	VERBEN	ADJEKTIVE
Verständnis	grübeln	braun
Pferd	servieren	zaghaft
Zucker	rauchen	vorbereitet
Kugelschreiber	lieben	niedlich
Bahnhof	reisen	gepflegt
Schmuck	lernen	gebildet
Kamera		riesig

WIE SPÄT IST ES? 1

Schwierigkeitsgrad

Wie spät ist es auf den analogen Uhren in Worten und in digitaler Anzeige?

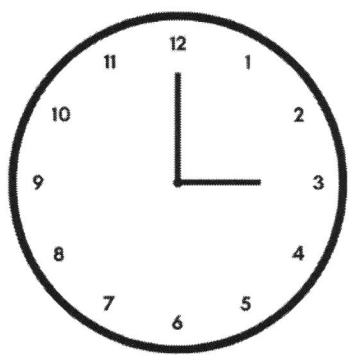  

drei Uhr — zwei Uhr — halb acht

03:00/15:00   02:00/14:00   07:30/19:30

sieben Uhr — zehn Uhr — zwanzig nach acht

07:00/19:00   10:00/22:00   08:20/20:20

WIE SPÄT IST ES? 2

Schwierigkeitsgrad

Zeichnen Sie die Zeiger der passenden Uhrzeit entsprechend ein und ergänzen Sie die Angaben in Worten oder digitaler Anzeige.

vier Uhr	zehn vor sieben	halb zwei
04:00/16:00	06:50/18:50	01:30/13:30

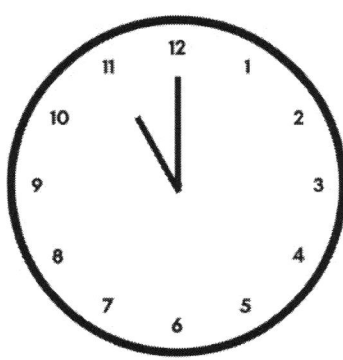  

elf Uhr	viertel nach neun	fünf nach fünf
11:00/23:00	09:15/21:15	05:05/17:05

WIE SPÄT IST ES? 3

Schwierigkeitsgrad

Zeichnen Sie die Zeiger der passenden Uhrzeit entsprechend ein und ergänzen Sie die Angaben in Worten oder digitaler Anzeige.

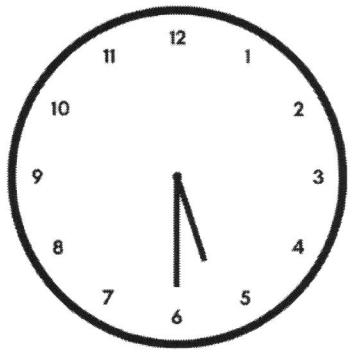  

halb sechs   zehn nach eins   fünf vor vier

05:30/17:30   01:10/13:10   03:55/15:55

  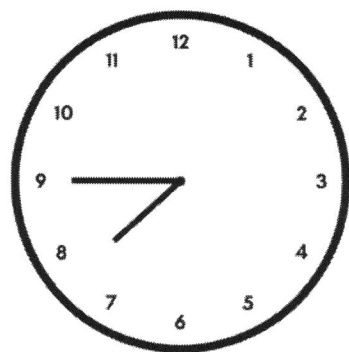

fünf vor halb drei   zwölf Uhr/Mitternacht   viertel vor acht

02:25/14:25   12:00/00:00   07:45/19:45

Fehl am Platz 1

C. Zugführer

B. fliegen

A. Brief

D. tief

A. Fernseher

B. schreien

A. Straße

C. CD-Spieler

D.   Professor

D.   Cafeteria

C. Ratte

C. Fragezeichen

Fehl am Platz 2

A. Dach

B. Wort

A. zelebrieren

B. Mahlzeit

A. Malaria

C. Sonne

D. Brasilien

B. München

C. rot

D. Perserkatze

B. Kleid

A. Schädel

Fehl am Platz 3

C. fallen

A. Bürste

D. Markus

A. Reis

B. Februar

D. Salat

C. Zähne

B. Rabe

B. Mozzarella

D. Tuschkasten

A. Ampel

A. Radiergummi

Fehl am Platz 4

D. Zepter

B. fangen

B. Tür

D. Gitarre

A. Ausfahrt

B. Montag

B. 14 Monate

C. lernen

D. dort

A. angemessen

B. Geschmack

D. niemals

Fehl am Platz 5

C. Bikini

B. Zauberstab

A. Bühne

B. Hose

D. Werkstatt

A. Hunger

A. Salami

C. Koffer

D. einkaufen

D. fragen

A. Stress

B. Haus

FORTSETZUNG FOLGT 1

Schwierigkeitsgrad

Setzen Sie die folgenden Reihen, dem Muster entsprechend, mit zwei weiteren Formen fort.

FORTSETZUNG FOLGT 2

Schwierigkeitsgrad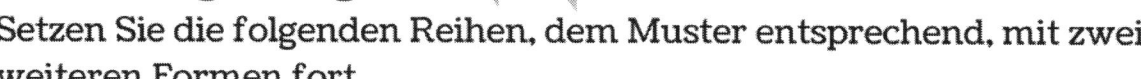

Setzen Sie die folgenden Reihen, dem Muster entsprechend, mit zwei weiteren Formen fort.

FORTSETZUNG FOLGT 3

Schwierigkeitsgrad

Setzen Sie die folgenden Reihen, dem Muster entsprechend, mit zwei weiteren Formen fort.

Knobel-Geschichten, die Logik erfordern

Der Vergangenheit auf den Spuren

Es handelt sich bei dem Fund des Archäologen eindeutig um eine Fälschung, da der Verfasser des Texts zu dem Zeitpunkt unmöglich hätte wissen können, in welchem Jahr Jesus Christus zukünftig geboren wird. Somit hätte eine Zeitangabe wie "54 vor Christus" in dem Zitat überhaupt nicht gemacht werden können.

Liebe kennt kein Alter

Während der ältere Herr genau 60 Jahre alt ist, ist seine zukünftige Ehefrau gerade einmal 20 Jahre alt. In weiteren 20 Jahren wird er 80 und sie 40 Jahre alt sein.

Mutter von vier Kindern

Das vierte Kind heißt Annelise. Das wird lustigerweise schon direkt im ersten Satz verraten, der nach den restlichen Informationen gerne einmal in Vergessenheit gerät.

Neuigkeiten aus Hollywood

Es spielen 128 Schauspieler in dem beschriebenen Film mit:

"fünf Verbrecher",

"acht Polizisten",

"ein lustiger Busfahrer",

"Schulgruppe von 26 Schülern",

"ein Obdachloser",

"drei Pfadfinder",

"ein Kapitän",

"Besatzung von 83 Mann"

5+8=13

13+1=14

14+26=40

40+1=41

41+3=44

44+1=45

45+83=128

Weißt du überhaupt, wie spät es ist?

Oliver kam um 02:20 Uhr in der Nacht wieder zu Hause an.

"60 vor 17 Uhr" = 16:00 Uhr

+ 125 Minuten = 18:05 Uhr

+ 36 Minuten = 18:41 Uhr

+ 24 Minuten = 19:05 Uhr

+ 18 Minuten = 19:23 Uhr

+ 36 Minuten = 19:59 Uhr

+ sechs Minuten = 20:05 Uhr

+ 15 Minuten = 20:20 Uhr

+ 240 Minuten = 00:20 Uhr

+ "zweistündiger Marsch" = 02:20 Uhr

Glückstag

Es ist schon am nächsten Morgen gewesen, sodass die Sonne bereits schien und es hell war.

Ausgeträumt

Da der Mann in der Bahn sofort gestorben sei, hätte er

unmöglich noch jemanden von seinem Traum erzählen können.

Konfetti-Trick

Keine der beiden Schwestern hat recht. Da Louisa das Papier drei Mal faltet, entstehen acht Lagen des Papiers. Somit erhält sie also die achtfache Menge beim Lochen.

DAS GROßE QUIZ DER ALLGEMEINBILDUNG

1. 36 Zähne
2. Apfel
3. 16 Bundesländer
4. Haut
5. Madrid
6. Volt
7. Die Würde des Menschen ist unantastbar.
8. 9. November 1989
9. Der Astronaut Neil Armstrong, der als erster Mensch den Mond betrat.
10. William Shakespeare
11. Moses
12. Moskau
13. 2002
14. Bauchspeicheldrüse/Pankreas

15. Circa 70 %
16. Bayern
17. CDU, Grüne, FDP
18. 1918
19. Johann Wolfgang von Goethe
20. Acht
21. Kapstadt
22. Grad Fahrenheit
23. Konrad Adenauer
24. Flensburg
25. Bremen
26. Nutze den Tag.
27. Zugspitze
28. Geheimdienst der DDR
29. Stephen King
30. Südafrika
31. Berlinale
32. Mainz
33. Acht: Merkur, Venus, Erde, Mars, Jupiter, Saturn, Uranus und Neptun
34. Mona Lisa

35. Wasser
36. China
37. Afrika
38. Nil
39. Albert Einstein
40. Kuala Lumpur
41. New York
42. Adolf Hitler
43. Alle vier Jahre
44. Asien
45. Rhein
46. Moschee
47. Recht und Freiheit
48. O2
49. Titanic
50. Ägypten
51. 1945
52. Oslo
53. Gleichgewichtssinn
54. 3. Oktober
55. Die Blumen sind

56. Im Norden
57. "Und wenn sie nicht gestorben sind, dann leben sie noch heute."
58. Die Auferstehung Jesu Christi
59. Adler
60. Prag
61. Schleswig-Holstein
62. Januar und Februar
63. Pfund
64. Gesellschaft mit beschränkter Haftung
65. 1000 Meter
66. Hamburg
67. Circa 80 Millionen
68. Bern
69. Grün
70. Europäische Union
71. Christoph Kolumbus
72. Blauwal
73. Italien
74. Lava
75. Bethlehem

76. Tennis
77. Violett
78. Kolosseum
79. Astrid Lindgren
80. Finnland
81. Ramadan
82. Johannes Gutenberg
83. 66
84. Dortmund
85. Gebärmutter
86. Herz-Kreislauf-Erkrankungen, vor allem Herzinfarkte
87. Wien
88. 110
89. Stabile Seitenlage
90. Vier
91. Mahatma
92. Sylt
93. Circa 5-6 Liter
94. Quadrat
95. Erfurt
96. Schlaganfall

97. Christi Himmelfahrt
98. John F. Kennedy
99. Barcelona
100. Astrologie

DEN FOKUS RICHTEN

WORTSUCHE 1

S	H	N	W	A	N	P	U	P	P	U	A
U	C	B	A	N	E	S	S	I	K	T	H
N	S	T	U	R	M	L	S	L	L	F	X
B	I	N	E	A	E	A	A	Z	A	A	T
W	T	W	L	E	H	C	S	U	M	H	N
O	A	N	B	T	T	S	D	F	S	C	F
C	M	L	B	S	A	C	H	U	C	S	L
K	O	W	D	E	P	S	C	S	A	N	D
P	T	N	E	L	P	A	L	E	P	E	E
L	U	W	R	E	D	Y	S	N	Y	S	N
O	A	N	B	O	T	S	D	S	S	S	F
C	A	M	B	E	A	C	H	Z	L	I	P
K	B	A	N	A	N	E	C	N	S	W	N
P	I	B	E	S	N	E	S	T	I	K	E

Rätsel   Automatisch   Spaß   Kissen
Wissenschaft   Banane   Muschel   Tee
Pilz   Sand   Wald   Sturm

WORTSUCHE 2

```
F C H A N D T U C H S E
G L B V U E S M Z N A T
O N T L R L L W B L B E
R G F L I E G E N A L A
E L S N D C C R O M H T
U L K G O Z K F I R S I
B S E B A T R E T C R Z
A O E C E B I N P A L I
E N D Z T P E D E R E R
R U W R T T Y L Z Y A T
O N E L L E T S E B G K
A A S K I L U S R L B E
M J K B S E S M O U L L
N N O T R A K A F I N E
```

Umwerfend   Handtuch   Karton   Blick
Büro   Mütze   Elektrizität Gabel
Bestellen   Links   Rezeption   Fliegen

228

WORTSUCHE 3

M	H	R	P	O	W	S	E	R	N	L	V
P	B	K	N	E	H	C	S	E	G	D	M
G	S	E	E	K	C	H	M	F	A	K	U
U	A	B	L	L	I	H	E	N	S	A	D
S	L	L	N	C	L	B	P	Y	F	N	T
F	E	D	E	R	D	E	F	I	A	I	G
B	A	M	R	A	N	R	R	T	M	S	R
A	S	E	N	N	E	I	N	B	N	T	P
K	H	S	T	R	A	E	H	N	E	E	E
I	M	K	H	U	T	Y	L	Z	F	R	C
D	A	E	V	F	S	T	R	A	P	E	G
T	M	K	J	E	M	I	O	K	E	U	C
F	D	S	A	N	U	F	A	H	U	D	H
L	G	Z	L	H	U	T	S	R	H	A	F

Kekse   Strähne   Berg   Pech
Geschenk   Kanister   Umständlich   Keller
Anrufen   Fahrstuhl   Feder   Hüpfen

WORTSUCHE 4

G	K	N	R	E	D	N	A	W	N	G	A
T	H	O	O	E	T	L	S	F	M	U	S
R	F	M	R	N	E	S	T	R	I	D	N
E	F	R	I	S	C	H	K	A	E	S	E
I	M	L	E	L	L	R	J	G	Q	I	M
F	U	A	N	N	E	H	F	E	M	T	R
E	A	M	T	E	B	F	R	Z	G	E	A
N	S	E	I	R	U	Z	E	E	B	N	M
E	S	S	E	R	A	E	E	I	A	E	U
T	I	W	R	U	I	T	L	C	T	S	P
T	E	F	U	F	S	T	Z	H	E	S	S
E	A	D	N	N	I	L	S	E	U	M	K
U	K	S	G	N	D	A	R	N	K	D	L
H	B	Z	C	L	U	E	S	L	H	U	E

Fragezeichen   Wunde   Reifen   Frischkäse
Stiefel   Orientierung   Wandern   Hütte
Umarmen   Müsli   Nest   Matratze

WORTSUCHE 5

F	E	U	R	N	N	H	S	A	L	O	W	Z
K	N	O	P	E	E	L	H	A	E	K	L
O	U	A	R	N	E	M	P	L	B	U	T
M	L	T	U	D	C	H	U	A	R	M	B
R	M	J	E	P	N	U	D	E	L	N	M
I	A	U	P	R	N	U	G	M	A	T	E
H	E	S	R	E	A	F	N	D	G	R	Z
C	R	E	O	U	E	Z	I	G	K	B	T
S	O	V	J	E	A	N	S	C	F	W	I
D	F	I	E	F	L	E	O	W	Z	M	R
L	O	C	K	F	F	T	Y	T	T	S	P
I	B	S	T	N	D	I	A	H	I	A	S
B	T	N	E	M	H	A	R	N	M	E	K
N	S	E	J	L	D	I	B	G	A	J	I

Zwölf	Bildschirm	Rahmen	Dose
Feuer	Ordnung	Projekt	Träumen
Griff	Jeans	Nudeln	Spritze

231

Wörter und Buchstaben im Visier

Und, und, und

Das Wort "und" kommt **vierzehn Mal** in dem Text vor.

Darius <u>und</u> Rebecca sind schon seit zehn Jahren ein Paar <u>und</u> haben vor sechs Jahren geheiratet. Mittlerweile haben sie bereits eine Tochter <u>und</u> einen Sohn, mit denen sie in einem schönen Haus wohnen. Die <u>K</u>leine hört auf den Namen Moni<u>k</u>a <u>und</u> der ältere Sohn heißt Mir<u>k</u>o. Heute wollen sie gemeinsam im Wald spazieren <u>und</u> ein Pic<u>k</u>nic<u>k</u> genießen. So setzten sie sich schon am Morgen allesamt ins Auto <u>und</u> starten ihren Ausflug. Gegen neun Uhr <u>k</u>ommen sie am Ziel an <u>und</u> setzen ihre Reise zu Fuß fort. An einer schönen Waldlichtung lassen sie sich nieder <u>und</u> breiten die Pic<u>k</u>nic<u>k</u>dec<u>k</u>e aus. Sie haben Weintrauben, <u>K</u>äsewürfel, geschmierte Brote <u>und</u> <u>K</u>ekse vorbereitet, die sie nun in den Brotdosen bereitstellen. "<u>Und</u> was ist mit den Geträn<u>k</u>en?", fragt Rebecca. Da fällt Darius ein, dass er die Flaschen <u>und</u> Becher im <u>K</u>offerraum hat liegen lassen. Also machen er und Mirko sich auf den Weg zurück, während Rebecca und Monika schon zu schlemmen beginnen. Bei einem Picknick wird schließlich gegessen und getrunken!

"K" zählen

Der Buchstabe "K" wird insgesamt **20 Mal** in dem Text verwendet.

Kein Wenn und Aber

Die Wörter "wenn" und "aber" kommen **jeweils sechs Mal (insgesamt zwölf Mal)** in dem Text vor.

Wenn es dunkel wird, fürchtet Lisa sich davor, alleine in den ruhigen Straßen ihres Dorfes unterwegs zu sein. Heute muss sie aber noch einige Dinge erledigen, unter anderem einen wichtigen Brief abschicken. Wenn sie dies vergisst, steht ihre gesamte Karriere auf dem Spiel. Aber wer könnte ihr bloß Gesellschaft leisten, wenn sie sich hinaus in die Dunkelheit wagt? Sie ruft ihre beste Freundin Johanna an, aber diese hebt nicht ab. Wenn es doch nur möglich wäre, nicht eine solche Angst zu verspüren. Aber ohne eine klare Sicht bildet Lisa sich ständig gruselige Gestalten ein, wenn sie durch die Landschaft von Bäumen geht. Plötzlich klingelt ihr Telefon. Es ist Johanna. Erwartungsvoll bittet Lisa ihre Freundin um den Gefallen, sie zu begleiten. "Klar, doch.", antwortet diese. "Aber nur, wenn wir danach gemeinsam etwas essen gehen.", lautet ihre Forderung. Lisa stimmt mit einem "Aber das ist doch klar!" voller Freude ein.

"U" zählen

Der Buchstabe "U" wird insgesamt **25 Mal** in dem Text verwendet.

Hast du sie noch alle?

Das Wort "alle" kommt insgesamt **zwölf Mal** in dem Text vor und versteckt sich einmal in dem Wort "Turnhalle".

Heute steht für alle Schüler des Gymnasiums ein großer Tag an. Alle zwei Jahre findet nämlich das beliebte Sportturnier statt und nun ist es wieder so weit. Als auch die letzte Schülerin in der Turnhalle ankommt, haben sich bereits alle versammelt und lauschen aufmerksam der Ansage des Direktors. Er beendet seine Eröffnungsrede mit den Worten: "Und nun alle Mann an die Startpunkte, damit es losgehen kann. Ich hoffe, ihr habt viel Spaß und, dass sich alle fair untereinander verhalten.". Alle reden durcheinander und begeben sich an ihre Posten. Bei dem ersten Fußballspiel des heutigen Tages schauen sogar alle Lehrer gespannt zu. Doch die Bitte des Direktors wird nicht lange eingehalten. Plötzlich richten sich alle Augen auf den Schüler, der schreiend zu Boden fällt. "Sag mal, hast du sie noch alle?", schreit er seinen Gegenspieler an. Anscheinend wurde er geschubst und ist nun außer sich vor Wut. Doch alle anderen sorgen sich viel eher um die

Gesundheit des Betr*o*ffen, weswegen <u>alle</u> Lehrer sich s*o*f*o*rt nach dem Erste-Hilfe-K*o*ffer umsehen.

"O" suchen

Der Buchstabe "O" wird insgesamt **21 Mal** in dem Text verwendet.

WAS WÄREN WIR OHNE SPRACHE?

Lücken füllen 1
- Schlittenfahrt
- Schwimmbecken
- Geldbörse
- Buchrücken
- Lieblingsessen
- Winterschlaf
- Hefeteig
- Schnürsenkel
- Kochbuch
- Adventskranz
- Abendmahl
- Schlagzeug
- Tischbein
- Sonnenschirm
- Feuerzeug
- Spielplatz

- Geldautomat

Lücken füllen 2

- Werkzeugkasten
- Arbeitsplatz
- Krankenhaus
- Federball
- Strohhalm
- Liebesbrief
- Bergwanderung
- Kopfkissen
- Ehering
- Haarschnitt
- Lippenstift
- Sportkleidung
- Taschendieb
- Gottesdienst
- Orangensaft
- Erntedankfest
- Schreibmaschine
- Vorgesetzter
- Pferdestall

Lücken füllen 3
- Ein Zebra sieht aus wie ein gestreiftes Pferd.
- Ich war so hungrig, dass mir bereits der Magen knurrte.
- Lügen haben kurze Beine.
- Würde ich keinen Gürtel tragen, würde meine Hose rutschen.
- Da bin ich wohl ins Fettnäpfchen getreten.
- Zum Backen brauche ich einen Ofen.
- September ist der neunte Monat des Jahres.
- Die Schwester meines Vaters ist meine Tante.
- Mir wurde mal gesagt, der Storch bringt die Babys.
- Im Wetterbericht wurde Regen angekündigt.
- Wenn du den Teller aufisst, scheint morgen die Sonne.
- Hast du viele Geschenke zum Geburtstag bekommen?
- Wer hat an der Uhr gedreht?
- Ohne den Wecker hätte er den Arzttermin verschlafen.
- Noch letztens habe ich einen lustigen Witz gehört.
- Das kaputte Fahrrad muss repariert werden.
- Der Film war vom Anfang bis zum Ende spannend.

Lücken füllen 4

- Am Montag bin ich bei einem Geburtstag eingeladen.
- Sie hat sich Hals über Kopf verliebt.
- Hast du schon alle Kekse aufgegessen?
- Für frische Luft wird das Fenster geöffnet.
- Der Tag hat nun mal nur 24 Stunden.
- Mit der Kamera haben wir viele tolle Fotos geschossen.
- Wenn ich Besuch bekomme, wird immer aufgeräumt.
- Mit der Brille fällt das Sehen gleich viel leichter.
- Rauchen schadet der Gesundheit und macht süchtig.
- Morgens zwitschern die Vögel in meinem Garten.
- Der Sohn meiner Tochter ist mein Enkel.
- Den Tee trinkt er am liebsten mit etwas Zucker.
- Im Herbst verlieren die Bäume ihre Blätter.
- Wegen meiner Angst im Dunklen lasse ich das Licht an.
- Griechenland ist definitiv unser nächstes Reiseziel.
- Um fit zu bleiben, fahre ich gerne mit dem Rad.
- Magst du lieber goldenen oder silbernen Schmuck?
- Ich suche eine Vase für die schönen Blumen.
- In dem Kalender kannst du all deine Termine eintragen.

Buchstabensalat 1
- Globus
- Drucker
- Trompete
- Frühstück
- Plastik
- Teller
- Fernseher
- Plattenspieler
- Schornstein
- Nähmaschine
- Löffel
- Waschbecken
- Bettlaken
- Rakete
- Hausschuhe
- Zahnspange
- Prinzessin

Buchstabensalat 2
- Einschulung
- Käsekuchen

- Entspannung
- Süßigkeiten
- Kühlschrank
- Schaufenster
- Flüssigkeit
- Katzenbuckel
- Eichhörnchen
- Herdplatte
- Optiker
- Dauerwelle
- Unterhemd
- Teppich
- Kaminfeuer
- Wimpern
- Nikolaus
- Stubenhocker

ABC-Geschichte

Hinweis: Bei dieser Aufgabe sind natürlich viele weitere Fortsetzungen der Geschichte denkbar und richtig. Trotzdem finden Sie im Anschluss eine Möglichkeit

A Am Samstagmorgen weckten mich die Strahlen der Sonne durch mein Fenster.

B Bereits in diesem Moment wusste ich, dass es ein guter Tag werden würde.

C Christophers lautes Lachen ertönte aus dem unteren Geschoss des Hauses.

D Dieser war schon damit beschäftigt, Spiegeleier für das Frühstück vorzubereiten, deren Geruch mir in diese Nase stieg.

E Erwartungsvoll ging auch ich in die Küche, nachdem ich mir die Zähne geputzt und das Gesicht gewaschen hatte.

F Froh und munter wünschte mir Christopher einen guten Morgen.

G Gemeinsam setzten wir uns an den gedeckten Frühstückstisch und stärkten uns für den bevorstehenden Tag mit allerlei Leckereien.

H Himbeermarmelade, Spiegeleier, frische Brötchen und mein liebster Käse waren nur einige der aufgetischten Köstlichkeiten.

I Ich freute mich vor allem auch über das Obst.

J Jedenfalls trifft das auf die Äpfel und Birnen zu. Die Weintrauben haben mir wegen der Kerne nicht so gut geschmeckt.

I Im Anschluss räumten wir gemeinsam den Tisch ab und machten uns jeweils im Badezimmer fertig.

K Kaffee darf an einem perfekten Morgen natürlich ebenfalls nicht fehlen.

L Langsam und genüsslich schlürfte ich diesen daher während ich angezogen und gekämmt auf unseren Aufbruch wartete.

M "Männer brauchen anscheinend doch länger im Bad als die Frauen," dachte ich schmunzelnd.

N Nur wenige Minuten später erschien Christopher jedoch im Wohnzimmer.

O Ordentlich zurechtgemacht lächelte er mich an und fragte, ob es nun losgehen könne.

P Prompt stand ich auf und erwiderte ein zufriedenes "Aber natürlich!"

Q Quatschen konnten wir später noch genug, weswegen ich nun in die Küche verschwand, um meinen Kaffeebecher abzuwaschen.

R Rastlos wippte Christopher mit dem Fuß, während er mir die Haustür aufhielt.

S Schließlich saßen wir endlich im Auto und machten uns auf den Weg zu unserem Ziel.

T Tanken mussten wir allerdings auch noch.

U Uns stand außerdem noch eine große Überraschung bevor.

W Witzigerweise haben wir das Portemonnaie vergessen und konnten das Benzin nicht bezahlen.

(X) Xenia, die liebe Mitarbeiterin an der Tankstelle, fand dies zum Glück genauso amüsant wie wir.

(Y) Yoga helfe ihr dabei, gelassener im Alltag zu bleiben.

Z Zwangsläufig drehten wir also um und mussten noch das Geld holen, bevor der Tag wirklich losgehen konnte, doch daraus machten wir uns nichts.

Überschrift: Ein un-perfekter perfekter Morgen

Reimmaschine 1

Reim	-	Keim, Heim, Leim Schleim, geheim
Haus	-	Maus, Laus, aus, Schmaus, Strauß, kraus, draus
Schuss	-	Kuss, muss, Bus, Fluss, Schluss, Guss, Nuss, Plus, Stuss
Wind	-	Kind, Rind, Sprint, blind, spinnt, Labyrinth, gewinnt, geschwind, beginnt
Tuch	-	Buch, Fluch, Huch!, Besuch, Versuch, Geruch
Hahn	-	Bahn, Plan, Kran, Schwan, Zahn, Roman, Titan, Vulkan, vertan, vegan, urban, spontan
Uhr	-	Kur, Schwur, Schnur, Spur, Tour, pur, nur, zur, Kultur, Klausur, Glasur, Mixtur, Figur
Glas	-	Gas, Fraß, Gras, Maß, Spaß, Klaas, las, saß
Ring	-	Ding, ging, spring, fing, Jogging, Häftling

Reimmaschine 2

Asche	-	Tasche, Flasche, Masche, wasche, vernasche, überrasche, erhasche
Vier	-	Tier, Bier, Gier, Pier, Stier, frier, hier, Trier, ihr, dir, mir, wir, Revier, Geschirr, Turnier
Blau	-	Bau, Frau, Sau, Schau, schlau, Stau, grau,

		Pfau, Tau
Kanne	-	Panne, Pfanne, Wanne, Tanne, Spanne, verbanne, Susanne, entspanne
Fisch	-	Tisch, frisch, finnisch, hektisch, kritisch, logisch, magisch
Sonne	-	Wonne, Tonne, Nonne, Kolonne
Meer	-	Teer, schwer, er, Herr, Speer, leer, quer, Peer, der, wer, sehr, mehr, Verzehr, Abwehr
Schnee	-	Fee, Tee, Dreh, Klee, Reh, See, Zeh, Weh, Herrje, Café, Buffet, Allee, Armee
Schaum	-	Traum, Baum, Flaum, Raum, Zaum, kaum

Um den heißen Brei 1

1) telefonieren
2) schreiben
3) suchen
4) Strudel
5) mögen
6) Pause
7) aufräumen
8) verabschieden
9) zittern

Um den heißen Brei 2

1) Frühling

2) Führerschein

3) (aus)leihen

4) Casino/Kasino

5) E-Mail

6) Wiederholung

7) Höflichkeit

8) flüstern

9) Pinsel

SCHATZKAMMER DER ERINNERUNGEN

Hinweis: Bei dieser Aufgabe sind natürlich wieder die verschiedensten Lösungsansätze korrekt und diese hängen von ihren persönlichen Erfahrungen ab. Verstehen Sie die folgenden Texte also bitte nur als Beispiele oder Inspirationsmöglichkeiten.

Erinnern Sie sich? 1
Das Haus, in dem ich aufgewachsen bin, befindet sich noch bis heute in einem ruhigen Vorort von Oldenburg. Es handelt sich um eine ländliche Umgebung mit viel Natur und Landwirtschaft im Norden Deutschlands. Nie werde ich die frische Luft am Morgen vergessen, die ich bei meinem täglichen Spaziergang ins Moor in vollen Zügen genoss. Das Haus meiner Kindheit ist ziemlich groß und aus roten Steinmauern und einem schwarzen Dach gebaut. Zur Glashaustür aus braunem Holz und Glas führt eine Steintreppe durch den Vorgarten und durch dichte Rhododendren-Büsche hinauf. Direkt neben dem Haus gibt es eine lange Auffahrt und eine Garage mit

weißem Tor.

Mit dem Keller besteht das Haus aus drei Etagen. Während das Elternschlafzimmer, Büro, Wohnzimmer, ein Bad und die Küche sich in der unteren befanden, schliefen mein Bruder und ich in der oberen und teilten uns ein Badezimmer. Im Keller lagerten wir vor allem Lebensmittel und machten die Wäsche. Mein Vater hatte sich dort außerdem eine Werkstatt eingerichtet, die ich manchmal ebenfalls zum Malen oder Basteln benutzte. Am liebsten verbrachte ich eigentlich immer Zeit in unserem Garten. Die schöne Terrasse wurde etliche Male für gemütliche Grill-Abende genutzt und im Sommer schlief ich sogar oft draußen und hielt Ausschau nach Sternschnuppen.

Wenn es zu kalt gewesen ist, saß ich oft auf der Fensterbank in meinem Zimmer und schrieb mein Tagebuch im Schein meiner vielen Lichterketten, die ich kreuz und quer wie einen Sternenhimmel an der Decke befestigt hatte.

Wenn ich lieber in Gesellschaft schreiben wollte, war die weiße Ledercouch vor dem Kamin eindeutig die beste Alternative! Dort hat meine Mutter auch immer viele flauschige Wolldecken bereitgelegt, damit es noch bequemer ist.

Erinnern Sie sich? 2

Meine Grundschule ist ein ziemlich großes Gebäude aus roten Steinen und einem weißen, flachen Dach. Ich erinnere mich noch an die vielen Fenster und die Turnhalle nebenan. Außerdem gibt es einen Fahrradständer, dessen Mauern immer bunt mit Kreide bemalt gewesen sind. Meistens bin auch ich die kurze Strecke durch die ländliche Umgebung mit dem Rad gefahren. Manchmal war es aber nötig, zu laufen, beispielsweise bei Glatteis. Meistens haben meine Freundin aus derselben Nachbarschaft und ich uns getroffen, um nicht allein zur Schule kommen zu müssen.

Mein Klassenzimmer hatte gelbe Wände und eine große Fensterfront, durch die der Sandspielplatz zu sehen war. Den mochte ich immer lieber als den Steinspielplatz, weil es so viele Geräte zum Austoben gab, unter anderem eine Rutsche und Turnstangen. Auf dem anderen Platz konnte man hingegen super Seilspringen, was wir ebenso gerne getan haben. Die Stühle und Tische in den Räumen waren aus einem hellen Holz und die Wände waren stets mit den aktuellen Lernplakaten oder Bildern, die wir Schüler gestaltet haben, beklebt. Wenn es im Winter zu kalt gewesen ist, um draußen zu spielen, haben wir uns gerne an der Heizung vor dem Kiosk aufgehalten und uns warme Milch in Glasflaschen bestellt.

Erinnern Sie sich? 3

Das Mädchen, mit dem ich fast jeden Tag zur Schule gelaufen bin, war bereits in demselben Kindergarten wie ich. Dort sind wir jedoch in verschiedenen Gruppen gewesen und haben bloß ein paar Mal während der Pausen im Garten miteinander gespielt. Dann wurden wir im Sommer 2003 in dieselbe Klasse eingeschult und wurden noch engere Freunde als zuvor. Ihr Name war Annika und sie war ein sehr zierliches Mädchen mit kurzen blonden Haaren. Sommersprossen schmückten ihre Nase und Wangen und ihr lautes Lachen, das in jeder Situation ansteckend wirkte, hallt mir noch heute im Gedächtnis.

Natürlich hat uns der gemeinsame Schulweg miteinander verbunden. Schon früh am Morgen und dann noch einmal nach einem Schultag haben wir uns jahrelang tagtäglich miteinander ausgetauscht. Doch auch in der Freizeit haben wir immer gerne Zeit miteinander verbracht. Wir haben oft in ihrem Zimmer gespielt, dass wir berühmte Popstars wären, und wie verrückt getanzt und gesungen.

Die Liebe zur Musik haben wir definitiv miteinander geteilt. Ansonsten habe ich immer an Annika geschätzt, dass sie so ein positiver Mensch gewesen ist. Während es unter den anderen Mädchen oft Streit gab, war sie stets auf Harmonie und schöne Zeiten besinnt.

Erinnern Sie sich? 4

Ich erinnere mich daran, als ich für ein Konzert meiner liebsten Sängerin den weiten Weg in die Hauptstadt Italiens reiste. Innerhalb weniger Stunden bin ich mit dem Flugzeug in Rom gelandet. Ich bin ganz allein gewesen. Schon als ich das erste Mal nach Italien flog, circa ein Jahr zuvor, war ich auf eigene Faust in Mailand unterwegs.

Meine Unterkunft war für Alleinreisende ausgelegt und es gab viele Gemeinschaftsräume und Aktivitäten, um neue Kontakte zu knüpfen. So traf ich am ersten Abend, nachdem ich die wichtigsten Sehenswürdigkeiten abgeklappert habe, interessante Menschen aus aller Welt und musste weder meine Pizza noch den Wein allein verzehren. Mein sehr spärliches Italienisch war überhaupt nicht nötig, da sich jeder ohne Probleme auf Englisch unterhalten konnte.

Besonders gut hat mir gefallen, wie unbeschwert und

voller Freude alle Menschen dort das Tanzbein geschwungen haben. Zu spät wollte ich aufgrund meiner großen Pläne am nächsten Abend jedoch nicht unterwegs sein, weswegen ich mich früher als die anderen zurück auf das Zimmer verzog.

Das Konzert war definitiv der Höhepunkt des Ausflugs. Zwar war ich vollkommen allein, doch das ermöglichte mir, die Erfahrung nur für mich selbst zu machen und mich komplett der Musik und dem Erlebnis hinzugeben. Noch Wochen danach habe ich mich gerne daran erinnert, wie tief mich dieser Abend im Herz berührt hat. Ich rufe mir diesen Moment gerne wieder ins Gedächtnis, weil es mich daran erinnert, dass ich selbst ohne Menschen um mich herum noch in bester Gesellschaft bin und es möglich ist, wertvolle Erfahrungen völlig auf mich allein gestellt zu machen.

Deswegen würde ich es wahrscheinlich genauso noch einmal erleben wollen, ohne etwas zu verändern. Allerdings wäre es noch besser gewesen, wenn ich etwas mehr Zeit gehabt und nicht direkt am nächsten Tag hätte abreisen müssen. Jedoch warteten am Montag wieder die Arbeit und Verpflichtungen auf mich, die ich in neuer Frische dank der Abwechslung und dem Perspektivenwechsel wahrnehmen konnte.

Erinnern Sie sich? 5

Ein ganz besonderes Silvesterfest ist für mich das im Jahr 2016 gewesen. Anstatt mit besonders vielen Menschen zu feiern, haben meine beste Freundin und ich uns dazu entschieden, den Abend gemütlich zu zweit zu Hause zu verbringen.

Da der Rest meiner Familie unterwegs gewesen ist, haben wir das Ganze bei mir im Wohnzimmer stattfinden lassen. Schon den Tag zuvor haben wir gemeinsam die Einkäufe erledigt. Da wir beide Vegetarier sind, haben wir Unmengen an Gemüse gekauft, das wir später im Raclette etwas anbraten ließen und mit Käse, Baguette und Nudeln verzehrten. Sogar für einen leckeren Nachtisch war gesorgt: Es gab Erdbeeren mit geschmolzener Schokolade, die ein echter Genuss waren, obwohl die roten Früchte gar nicht in Saison gewesen sind.

Für etwas Tradition und einen Zukunftsblick in das kommende Jahr haben wir Blei gegossen. Zwar hatten wir noch viele weitere Spiele vorbereitet, doch dafür war keine Zeit, weil wir uns stundenlang so angeregt unterhalten haben. Da wir beide ausschließlich alkoholfreien Sekt tranken, haben wir uns rechtzeitig auf den Weg zu einer hoch gelegenen

Brücke gemacht, um die Feuerwerke der Stadt von dort aus anzusehen. In dicker Jacke, Mütze, Schal und Handschuhen eingepackt bereiteten auch wir unsere Raketen vor, auf die wir jeweils einen Wunsch für 2017 schrieben.

Für meinen Teil wollte ich nicht mehr als Gesundheit für mich, meine Familie und meine engsten Freunde verlangen. Dass wir nur zu zweit gewesen sind und uns so ausführlich über das vergangene Jahr und über Ziele für die Zukunft austauschen konnten, war für mich eine sehr wertvolle Erfahrung, die ich niemals vergessen möchte. Nachdem die Farbspiele am Himmel weniger wurden und wir uns umarmend ein "frohes Neues" wünschten, machten wir uns aufgrund der Kälte wieder zurück zum Auto und schauten noch ein paar Filme vor dem Kamin, bis wir voller Zuversicht für das neue Jahr einschliefen.

Erinnern Sie sich? 6

Ich erinnere mich an einen Moment, in dem ich selbst auf Hilfe angewiesen war. Um sieben Uhr morgens musste ich einen Flug aus einem fremden Land wahrnehmen. Das bedeutete, dass ich mitten in der Nacht aufbrechen musste. Gerade, als ich alles vorbereiten wollte, meine Tasche packte, duschte und Geld abheben wollte, entlarvte sich mein Problem.

Aus irgendwelchen Sicherheitsgründen wurde meine Kreditkarte gesperrt und meine Bank ist nicht erreichbar gewesen. Sobald ich an meinem Zielort landen würde, wäre ich in Sicherheit, da Freunde mich bereits erwarteten. Doch nun brauchte ich unbedingt Bargeld, um die fast eineinhalbstündige Taxifahrt zum Flughafen zu bezahlen. In dem kleinen Küstenort meines Hotels kannte ich allerdings niemanden, der mir helfen konnte, außer den Fahrer, den ich schon am Nachmittag organisiert hatte. Ich rief ihn an und berichtete ihm von meinem Problem. Zu meinem Glück konnte er gutes Englisch sprechen und machte sich sofort auf den Weg zu mir. Dieser indonesische, ältere Herr ist mir bis vor wenigen Stunden noch völlig fremd gewesen. Doch nun redete er mit mir wie ein Freund. "Wir fahren nun erst einmal los, versuchen es auf dem Weg noch einmal an einem anderen Automaten und wenn es nicht klappt, werde ich dich trotzdem pünktlich zu deinem Flug bringen.", sagte er mit einer ruhigen Stimme, während ich schon fast die Nerven verlor.

Ein Stein fiel mir vom Herzen und letztendlich konnte ich den lieben Fahrer tatsächlich nicht für seine Dienstleistung bezahlen. Doch ich bat ihm, mir seine Kontakt- und Kontodaten zu geben, sodass ich meine Schulden begleichen könnte, sobald es mir möglich war. Schließlich habe ich ihm sogar mehr als nötig überwiesen, da ich ihm so dankbar gewesen bin. Ich bin mir sicher, dass es nicht viele Menschen gibt, die so selbstlos reagieren würden – zu helfen, ohne die Gewissheit eines eigenen Nutzens. Seine Tat inspiriert mich noch bis heute. Wenn ich Menschen in Not sehe oder um Hilfe gebeten werde, erinnere ich mich immer daran zurück, wie verzweifelt ich gewesen bin und welch eine Dankbarkeit ich im Nachhinein empfand. Anderen dieses Gefühl geben zu dürfen, erfüllt mich selbst ebenso, obwohl ich objektiv betrachtet keinen Profit mache.

Sprichwörter ergänzen 1

- Auf Biegen und Brechen.
- Morgenstund hat Gold im Mund.
- Eine Hand wäscht die andere.
- Kleider machen Leute.
- In der Kürze liegt die Würze.
- Ohne Fleiß kein Preis.
- Stille Wasser sind tief.
- Jeder ist seines Glückes Schmied.
- Was sich neckt, das liebt sich.
- Der Apfel fällt nicht weit vom Stamm.
- Probieren geht über Studieren.
- Aus den Augen, aus dem Sinn.
- Übung macht den Meister.
- Wer A sagt, muss auch B sagen.
- Blut ist dicker als Wasser.
- Der Klügere gibt nach.
- Wer nicht wagt, der nicht gewinnt.
- Wer rastet, der rostet.
- Wer schön sein will, muss leiden.
- Wie du mir, so ich dir.

Sprichwörter ergänzen 2

- Das Auge isst mit.
- Alle Wege führen nach Rom.
- Was du heute kannst besorgen, das verschiebe nicht auf morgen.
- Wer anderen eine Grube gräbt, fällt selbst hinein.
- Wer den Pfennig nicht ehrt, ist des Talers nicht wert.
- Aller guten Dinge sind drei.
- Andere Länder, andere Sitten.
- Aller Anfang ist schwer.
- Was du nicht willst, das man dir tut, das füg auch keinem anderen zu.
- Reden ist Silber, Schweigen ist Gold.
- Lachen ist die beste Medizin.
- Wer zuletzt lacht, lacht am besten.
- Der Glaube kann Berge versetzen.
- Besser spät als nie.
- Alles hat ein Ende, nur die Wurst hat zwei.
- Ausnahmen bestätigen die Regel.
- Aufgeschoben ist nicht aufgehoben.
- Auch andere Mütter haben schöne Töchter.

- Wahre Schönheit kennt kein Alter.

Sprichwörter ergänzen 3

- Zwei Dumme, ein Gedanke.
- Ein Satz mit "x", das war wohl nix.
- Was muss, das muss.
- Abwarten und Tee trinken.
- Das Gerücht ist immer größer als die Wahrheit.
- Auch ein blindes Huhn findet mal ein Korn.
- Den Wald vor lauter Bäumen nicht sehen.
- Wie man in den Wald ruft, so schalt es heraus.
- Nicht einmal der Tod ist umsonst.
- Übermut tut selten gut.
- Schlafende Hunde soll man nicht wecken.
- Pech im Spiel, Glück in der Liebe.
- Worten sollten Taten folgen.
- Alles Gute kommt von oben.
- Das Auge ist ein Fenster zur Seele.
- Ehrlich währt am längsten.
- Ein Unglück kommt selten allein.
- Harte Schale, weicher Kern.
- Knapp daneben ist auch vorbei.

Sprichwörter ergänzen 4

- Zeit heilt alle Wunden.
- Am Abend wird der Faule fleißig.
- Auch Rom wurde nicht an einem Tag gebaut.
- Borgen bringt Sorgen.
- Braune Augen sind gefährlich, aber in der Liebe ehrlich.
- Wer nicht will, der hat schon.
- Sport ist Mord
- Passt wie die Faust aufs Auge!
- Not macht erfinderisch.
- Nach dem Essen sollst du ruhen oder tausend Schritte tun.
- Wer einmal lügt, dem glaubt man nicht, wenn er auch die Wahrheit spricht.
- Weniger ist mehr.
- Große Klappe, nichts dahinter.
- Geteiltes Leid ist halbes Leid.
- Kleine Kinder, kleine Sorgen. Große Kinder, große Sorgen.
- Wer nicht kommt zur rechten Zeit, der muss sehen, was übrig bleibt.
- Der Ton macht die Musik.

Sprichwörter ergänzen 5

- Alles neu macht der Mai.
- Des einen Leid ist des anderen Freud.
- Wer flüstert, der lügt.
- Klein, aber fein.
- Von nichts kommt nichts.
- Das Leben ist kein Wunschkonzert/Ponyhof.
- Hochmut kommt vor dem Fall.
- In der größten Not schmeckt die Wurst auch ohne Brot.
- Wenn man vom Teufel spricht, dann kommt er gelaufen.
- Liebe macht blind.
- Wer im Glashaus sitzt, sollte nicht mit Steinen werfen.
- Der Neider sieht nur das Beet, aber den Spaten sieht er nicht.
- Selbst ist die Frau!
- Weggegangen, Platz vergangen.
- Für jeden Topf gibt es einen passenden Deckel.
- Alter geht vor Schönheit.
- Einbildung ist auch eine Bildung.
- Lehrjahre sind keine Herrenjahre.

Sprichwörter ergänzen 6

- Die Letzten werden die Ersten sein.
- Vorfreude ist die schönste Freude.
- Wenn sich zwei streiten, freut sich der Dritte.
- Rache ist süß.
- Du sollst den Tag nicht vor dem Abend loben.
- Dummheit tut weh.
- Die Hoffnung stirbt zuletzt.
- Wenn man dir gibt, dann nimm. Wenn man dir nimmt, dann schrei.
- Es ist nicht alles Gold, was glänzt.
- Doppelt hält besser.
- Liebe geht durch den Magen.
- Erst die Arbeit, dann das Vergnügen.
- Wo Schatten ist, da ist auch Licht.
- Leben und leben lassen.
- Aus Erfahrung klug.
- Der April macht, was er will.
- Eigenlob stinkt.
- Eile mit Weile.

Sprichwörter ergänzen 7

- Alte Liebe rostet nicht.
- Jacke wie Hose.
- Es ist noch kein Meister vom Himmel gefallen.
- Wie gewonnen, so zerronnen.
- Quantität ist nicht gleich Qualität.
- Dummheit schützt vor Strafe nicht.
- Alles zu seiner Zeit.
- Das Glück der Erde liegt auf dem Rücken der Pferde.
- An Gottes Segen ist alles gelegen.
- Der frühe Vogel fängt den Wurm.
- Schönheit liegt im Auge des Betrachters.
- Der Weg ist das Ziel.
- Auch ein schöner Rücken kann entzücken.
- Fragen kostet nichts.
- Geld macht nicht glücklich, aber es beruhigt.
- Der Kunde ist König.
- Lange Rede, kurzer Sinn.
- Nur die Harten kommen in den Garten.
- Vorsicht ist besser als Nachsicht.

Sprichwörter ergänzen 8

- Wer die Wahl hat, hat die Qual.
- Vertrauen ist gut, Kontrolle ist besser.
- Der Trunk nimmt die Sorgen, aber nur bis morgen.
- Was man nicht im Kopf hat, muss man in den Beinen haben.
- Vier Augen sehen mehr als zwei.
- Der Weg zum Ruhm ist nicht mit Rosen gepflastert.
- Von Luft und Liebe kann man nicht leben.
- In der Ruhe liegt die Kraft.
- Wer's glaubt, wird selig.
- Beiße nicht in die Hand, die dich füttert.
- Der Esel nennt sich immer zuerst.
- Wo ein Wille ist, ist auch ein Weg.
- Jede Münze hat zwei Seiten.
- Das fünfte Rad am Wagen sein.
- Zeit ist Geld.
- Geiz ist die größte Armut.
- Wer zuerst kommt, mahlt zuerst.
- Trautes Heim, Glück allein.
- Reisende soll man nicht aufhalten.

AKTIVIERUNG DES KURZZEITGEDÄCHTNISSES

Hinweis: Viele verschiedene Lösungen können bei dieser Aufgabe richtig sein.

Alltagsquiz 1

1. Kartoffelbrei mit Schnitzel und Bohnengemüse
2. Die Fensterscheiben
3. Helmut - Vater, Dieter - Bruder, Sonja - Tochter, Vanessa - Enkelin, Stefan - Schwiegersohn
4. Rückenschmerzen
5. ZDF-Morgenmagazin
6. Ein blaues Hemd mit schwarzer Jeans, weißen Tennissocken und schwarzen Schnürschuhen beim Ausgehen

Alltagsquiz 2

1. Mit meinem Sohn Thorsten.
2. Mit meiner Nachbarin Hildegard.

3. Heute Morgen, um Brötchen zu holen.

4. Dienstag, 01. September 2020

5. Um neun Uhr abends

6. Um sechs Uhr morgens

7. Sprichwörter ergänzen

8. Die Waschmaschine angestellt

Alltagsquiz 3

1. Roggenbrötchen mit Butter, Käse und Gurke

2. Kartoffelbrei mit Schnitzel und Bohnengemüse

3. Einen griechischen Salat im Restaurant

4. Eine Tüte gemischte Brötchen

5. 4,43 Euro

6. "Danke, Ihnen auch einen schönen Tag."

7. Gestern Abend

8. Letzten Sonntag

9. Heute Morgen vor dem Fernseher

KOPFRECHNEN 1

16 +13 ――― 29	18 +17 ――― 35	21 +15 ――― 36	34 +22 ――― 56
56 +15 ――― 71	44 +31 ――― 75	70 +21 ――― 91	38 +12 ――― 50
81 +43 ――― 124	90 +13 ――― 103	25 +32 ――― 36	36 +53 ――― 89
18 +93 ――― 111	68 +24 ――― 92	53 +12 ――― 65	74 +32 ――― 106
62 +52 ――― 114	94 +23 ――― 117	22 +71 ――― 93	68 +40 ――― 108

KOPFRECHNEN 2

43 +15 = 58	22 +26 = 48	13 +29 = 42	37 +17 = 54
52 +38 = 90	25 +31 = 56	44 +27 = 71	60 +22 = 82
38 +13 = 41	39 +24 = 60	25 +25 = 50	19 +29 = 48
55 +15 = 70	28 +24 = 52	51 +32 = 83	80 +32 = 112
72 +27 = 99	50 +45 = 95	49 +17 = 66	70 +50 = 120

KOPFRECHNEN 3

57 − 14 ――― 43	123 −20 ――― 103	73 −9 ――― 62	44 −17 ――― 27
62 −31 ――― 31	25 −8 ――― 17	58 −25 ――― 33	60 −22 ――― 38
40 −12 ――― 28	95 −45 ――― 50	111 −51 ――― 60	86 −38 ――― 48
52 −19 ――― 33	128 −40 ――― 88	157 −43 ――― 114	102 −80 ――― 22
72 −27 ――― 45	50 −45 ――― 5	49 −17 ――― 32	27 −13 ――― 14

KOPFRECHNEN 4

119 −107 ――― 12	40 −29 ――― 11	76 −32 ――― 44	34 −17 ――― 17
63 −45 ――― 18	48 −19 ――― 27	132 −28 ――― 104	67 −34 ――― 33
12 −6 ――― 6	95 −26 ――― 69	88 −51 ――― 37	142 −44 ――― 98
77 −35 ――― 42	115 −69 ――― 46	129 −22 ――― 107	80 −57 ――― 23
94 −36 ――― 58	50 −12 ――― 38	39 −14 ――― 25	66 −38 ――― 28

KOPFRECHNEN 5

314	200	282	88
5	40	12	7
+ 23	+ 22	+ 14	+ 165
342	262	308	260

42	50	63	26
19	40	12	7
+ 23	+ 13	+ 20	+ 70
84	103	95	103

14	57	63	174
13	65	15	22
+ 12	+ 22	+ 19	+ 45
39	144	97	241

112	22	36	71
63	95	152	22
+ 20	+ 122	+ 91	+ 54
195	239	279	147

KOPFRECHNEN 6

314 + 5 − 23 = 286	200 + 40 − 22 = 138	282 + 12 − 14 = 256	88 + 7 − 65 = 16
42 + 19 − 23 = 0	50 + 40 − 3 = 7	63 + 12 − 20 = 31	26 + 7 − 10 = 9
14 + 3 − 10 = 1	57 + 5 − 22 = 30	63 + 15 − 19 = 29	174 + 22 − 45 = 107
112 + 63 − 20 = 29	122 + 95 − 12 = 15	152 + 36 − 30 = 86	71 + 2 − 54 = 15

DIE KUNST DES MUL-TITASKINGS

Anton ackert am Abend alleine

Hinweis: Mehrere Lösungen sind richtig.

B - Beate befolgt bestimmt behutsam Bibeltexte.

C - Christlicher Chefarzt Claas checkt chronologisch.

D - Doris denkt doch dauernd daran.

E - Elfen essen eigenständig etliche Erdbeeren.

F - Frauen fangen fallende Früchte furchtlos.

G - Große Giraffen genießen gelegentlich Gewitter.

H - Heute hat Hans höllischen Husten.

I - Inge irrt irgendwo im IKEA.

J - Jedes Jahr jammert Janina jaulend.

K - Kochen können kleine Kinder keineswegs.

L - Linus liebt Lydias lautes Lachen.

M - Marions Mutter macht munter Marmelade.

N - Neue Nachbarn notieren notwendige Namen.

O - Olaf organisiert Obdachlosen oftmals Obst.

P - Papa Pascal pflegt pausenlos Pensionäre.

Q - Quallen quatschen quietschend qualitativen Quatsch.

R - Reporter Rüdiger riecht regelmäßig Rauch.

S - Starke Sportler spurten sekundenschnell Strecken.

T - Talentierte Turner tanzen täglich taktsicher.

U - Ulrike umarmt Ulf urplötzlich unbegründet.

V - Verspielte Vampire verstecken viele Vögel.

W - Wachsame Wachhunde wollen warmes Wasser.

Z - Zahnärzte ziehen zuverlässig zahlreiche Zähne.

Sinn finden 1

Mein neuer **Mitarbeiter** heißt Jens. Er hat einen wirklich sympathischen **Eindruck** auf mich gemacht. **Da** wir gemeinsam Mittagspause gemacht haben, sind wir **ins** Gespräch gekommen. Er arbeite **zwar** schon lange als Steuerberater, jedoch nur in **Teilzeit.** Nebenbei habe er **noch** einen Bauernhof. **Dort** lebt er mit seiner Familie **und** vielen Tieren. Seine **beiden** Söhne können bei der Aufrechterhaltung des Hofs zum **Glück** schon gut mithelfen. Aufgrund meines Interesses hat **Jens** mich sogar zu einem **Kaffee** bei sich zu Hause eingeladen. Das müssen wir **allerdings** ein anderes Mal machen, **wenn** einer von uns mit dem Auto zur Arbeit kommt. Heute waren wir **nämlich** beide mit dem Fahrrad unterwegs und wir wohnen leider in völlig verschiedenen **Richtungen**.

Sinn finden 2

Leise rieselt der **Schnee** vor unserem Fenster, während wir uns **am** Kaminfeuer wärmten. Alle haben es sich bereits **gemütlich** gemacht, doch das jüngste Familienmitglied im **Raum** möchte unbedingt draußen spielen. Die **achtjährige** Lara hört einfach nicht auf zu nörgeln und möchte **unbedingt** einen Spielkameraden haben. **Schließlich** gebe ich nach und willige **ein**. Lara macht **Freudensprünge**. Sie **schlüpft** in ihren Schneeanzug und **auch** ich ziehe mich warm an. Nach wenigen Minuten im Garten verblasst meine **anfängliche** Lustlosigkeit. Wir haben einen riesigen **Spaß** und der Schnee ist **sogar** fest genug, um daraus einen Schneemann zu bauen. Eine Stunde und **zehn** Schneebälle an meinem Rücken **später** habe ich trotzdem genug. Vor lauter **Kälte** freut Lara sich nun aber auch auf das Feuer und einen warmen **Tee**.

Sinn finden 3

Bärbel hat ihre **Enkelin** Jessica schrecklich vermisst, **während** diese für ein halbes Jahr im Rahmen eines Austauschprogramms **verreist** war. Doch nun ist sie **wieder** im Lande und **Bärbel** hat bereits das perfekte **Wiedersehen** vorbereitet. Als es an der Tür **klingelt**, stürmt sie los und nimmt Jessica **ganz** fest in die **Arme**. Genüsslich verspeisen sie die **Pfannkuchen**, von denen Bärbel weiß, **dass** Jessica sie so gerne **isst**. Gespannt **lauscht** sie den Erzählungen ihrer Enkelin und setzt ihre **Brille** auf, **um** die vielen Fotos zu begutachten. "Wie du **siehst**, habe ich viel erlebt und mein **Französisch** hat sich auch verbessert.", sagt Jessica. "**Aber** deine Pfannkuchen haben mir trotzdem **gefehlt**!"

Sinn finden 4

Nils ist schon eine ganze **Weile** in seine Mitschülerin Rieke **verliebt**. Bisher hatte er jedoch noch nie den **Mut**, seinen Schwarm um eine Verabredung zu **bitten**. Nun sitzen die **beiden** allein in der **Bibliothek**, als Nils die Chance **endlich** ergreift. Er schlägt Rieke einen **gemeinsamen** Kinobesuch am Abend **vor**. Sie entgegnet, **dass** sie jeden **Donnerstagabend** zur Tanzschule müsse. Nils **erkundigt** sich, ob sie denn einen **Tanzpartner** hätte, woraufhin Rieke verlegen den **Kopf** schüttelt. "Na, dann könnte ich dich doch **begleiten**, oder nicht?", fragt Nils. Tanzen konnte er **zwar** nicht besonders gut, **aber** mit Rieke würde es **sicherlich** Spaß machen. Als sie zustimmt, grinst er **über** beide Ohren und hat das **Gefühl**, sein Herz würde um einiges schneller schlagen.

Wörter umschreiben 1

Hinweis: Bei dieser Aufgabe ist es erneut möglich, dass mehrere Antworten korrekt sind. Die beste Überprüfung ist natürlich, wenn ein Gegenüber den Begriff anhand Ihrer Beschreibung richtig erraten konnte. Davon abgesehen könnten die Lösungen beispielsweise folgendermaßen lauten:

- Spion - Eine Person, die man auch Geheimagent nennen

könnte. Die Tätigkeiten dieser Person verfolgen hauptsächlich das Ziel, durch Beobachtungen, Beschattungen und Aushorchen unbemerkt bestimmte Informationen ausfindig zu machen. Sonnenuntergang - Wenn der große Feuerball unseres Universums, der uns täglich Wärme und Licht schenkt, sich gegen Abend auf die andere Seite der Erdkugel bewegt und es dunkel wird, lässt sich am Himmel ein schönes Farbspiel, meist aus Orange- und Rottönen, beobachten.

- Fitnessstudio - Eine Einrichtung, an dem mehrere Sportgeräte aufgebaut sind, unter anderem Hanteln und Laufbänder. Dieser Ort ist generell für die Öffentlichkeit zugänglich, meist muss aber eine Mitgliedschaft erworben werden, um hier Kraft und Ausdauer trainieren zu dürfen. Manchmal gibt es auch Kursangebote für spezielle Sportarten wie Boxen, Tanzen oder Yoga.

- Bügeleisen - Das elektronisch betriebene Gerät, mit dem mithilfe von Wärmeeinwirkung Falten in den Klamotten beseitigt werden können. In der Regel wird es zusammen mit einem Brett benutzt.

- Briefmarke - Ein kleines Stück Papier in Form eines

Vierecks, das auf Postkarten oder andere Dokumente, die versendet werden sollen, in die obere Ecke geklebt wird. Es dient generell als Beweismittel, das für den Versand bezahlt worden ist. Teilweise gibt es Personen, die verschiedene Variationen dieser Papierstücke sammeln.

Wörter umschreiben 2

- Teebeutel - Kleine sackförmige Filterpapiere, in denen sich je nach ausgewählter Sorte Kräuter und andere Zusätze befinden, die beim Aufgießen mit heißem Wasser ein beliebtes Heißgetränk entstehen lassen.

- Gangschaltung - Ein System, das in manuell gesteuerten Autos und bei Fahrrädern vorzufinden ist. In Autos lässt es sich meist mit einem Hebel steuern. In der Regel lassen sich etwa drei bis sieben verschiedene Stufen einstellen, die von der gewünschten Geschwindigkeit abhängig sind. Außerdem gibt es in dem System eine ganz spezielle Stufe, damit auch rückwärts gefahren werden kann.

- Geschenkpapier - Zu Weihnachten, Geburtstagen oder anderen Anlässen gibt es oft Überraschungen. Damit diese Überraschungen noch bis zum letzten Moment geheim bleiben, werden Sie in der Regel in einem bestimmten

Material verpackt. Dieses ist sowohl in eintönigen Farben als auch in ausgefallenen Mustern und mit themenbezogenen Motiven erhältlich.

- Sonnenbrand - Aufgrund der starken UV-Einstrahlung haben viele Menschen im Sommer Probleme mit der Haut. Besonders helle Hauttypen sind gefährdet, diese schmerzhafte und nicht ungefährliche Hautrötung zu entwickeln. Es gibt allerdings spezielle Cremes, die davor schützen und in verschiedenen Stärkefaktoren erhältlich sind.

- Rucksack - Eine Tasche, die dank Riemen auf den Schultern getragen werden kann und somit nicht die Arme und Hände behindert, was beispielsweise beim Fahrradfahren von Vorteil ist. Viele Menschen benutzen diese Taschen für die Schule oder Universität sowie für Ausflüge und Reisen. Mittlerweile gibt es sie in allen erdenklichen Größen und Variationen.

- Badewanne - Eine Alternative zur Dusche, die in manchen Häusern zur Verfügung steht, um den Körper zu waschen. Sie wird außerdem gerne mit heißem Wasser benutzt, mit Entspannung assoziiert und kann dank bestimmter Zusätze eine heilende Erfahrung bei Erkältungen bieten.

Wörter umschreiben 3

- Bilderrahmen - Ein Gestell mit Glasfenster in verschiedenen Größen, um Fotos an einer Wand aufzuhängen oder in der Wohnung aufzustellen.

- Besteck - Ein Sammelbegriff für verschiedene Hilfsmittel, die meistens aus Metall sind und zum Essen benutzt werden. Dazu gehören zum Beispiel Messer, Gabel und Löffel.

- Türklingel - Eine elektronische Anlage, die einen Ton im Haus auslöst, wenn ein Knopf von außen gedrückt wird, um das Signal zu geben, dass jemand die Bewohner über seine Ankunft informieren möchte.

- Garten - Der Außenbereich eines Hauses, in dem meistens Rasen wächst und darüber hinaus Blumen, Gemüse und Obst oder andere Pflanzen angebaut werden können.

- Einkaufswagen - Ein Sammel- und Transportmittel auf Rädern, dessen Korb meistens aus Gitterstäben besteht. Darin können Waren im Markt leichter zur Kasse und zum Auto gebracht werden. Manchmal sind diese sogar mit Kindersitzen ausgestattet.

- Zunge - Ein beweglicher Muskel im Mundraum, der unter

anderem zum Sprechen und Schmecken dient. Wenn dieser Muskel herausgestreckt wird, wird es teilweise als freche Geste verstanden.

Wörter umschreiben 4

- Hörgerät - Ein modernes Hilfsmittel, das ein Funktionsdefizit der akustischen Wahrnehmung ausgleichen kann. Es wird in das Ohr gesetzt und häufig von kleinen Batterien mit Energie versorgt, um zu funktionieren.

- Winterschlaf - Der Ruhezustand, in den manche Tiere während der kältesten Jahreszeit aufgrund der veränderten Körpertemperatur für mehrere Monate fallen. Dank der angefressenen Reserven aus dem Sommer ist es den Tieren möglich, zu überleben, obwohl keine Nahrung aufgenommen wird.

- Schlittschuhe - Eine spezielle Fußbekleidung, die sich wegen der angebrachten Kufen an der Sohle zum Eislaufen eignen. Auch für Sportarten wie Eishockey wird diese Art von Fußbekleidung benötigt.

- Grippe - Eine spezielle Art der Erkältung, auch Influenza genannt, die in der Regel saisonal vorkommt und von bestimmten Viren ausgelöst wird. Die Symptome treten meist ganz plötzlich auf. Dazu gehören unter anderem Fieber, Kopf- und Gliederschmerzen sowie Husten.

- Schneemann - Eine menschenähnliche Figur, die im Winter aus festem, weißen Niederschlag gebaut wird. Für gewöhnlich besteht die Gestalt aus drei aufeinander aufliegenden Kugeln, die nach oben hin kleiner werden. Um die Nase darzustellen, wird teilweise eine Karotte verwendet.

- Kino - Eine öffentliche Einrichtung, die aktuelle Filme auf großen Leinwänden in Sälen zeigt. Gerne werden außerdem Snacks wie Popcorn und Getränke verkauft, um das gemütliche Filmerlebnis abzurunden.

Wörter umschreiben 5

- Radio - Das kürzere und umgangssprachlich benutzte Wort für ein Rundfunkgerät, über welches sowohl Musik als auch Nachrichten, Werbungen und weiteres gespielt werden. Es ist unter anderem in fast jedem Auto zu finden.

- Insel - Eine Landmasse im Meer, die aber nicht als eigenständiger Kontinent gilt. Diese können sowohl unbewohnt als auch bewohnt sein und sind häufig ein beliebtes Reiseziel in verschiedensten Regionen der Welt.

- Baustelle - Ein Arbeitsort, an dem ein Gebäude errichtet,

renoviert oder abgerissen wird. Viele verschiedene Arbeitsgruppen treffen hier aufeinander, zum Beispiel Maurer, Fliesenleger und Elektriker.

- Kutsche - Ein Wagen, der von Zugtieren, meist Pferden, vorangetrieben wird. Dieser kann sowohl zwei als auch vier Räder haben.

- Verwandtschaft - Ein anderes Wort für die biologische Familie, worunter mehr Mitglieder als nur die besonders nahestehenden Eltern, Geschwister und Kinder gezählt werden.

- Schauspieler - Eine Person, die eine Kunstfigur im Theater, in Filmen oder in Serien darstellt. Dies kann als Beruf oder als Hobby durchgeführt werden.

EIN BISSCHEN SPAß MUSS SEIN

1. Tag der offenen Tür
2. Der Vater
3. Die Bauern eines Schachspiels
4. Ein Wolkenkratzer
5. Mit dem Schlüsselbein
6. Die Tauben
7. Kata sprach die Wahrheit
8. Weil sie sich nicht in die Haare bekommen können
9. Weil sie Angst vor dem Kater haben
10. Mit "T"
11. Das Beispiel
12. Im Anzug
13. Eine Hose
14. Den Wasserhahn
15. Die Lichthupe
16. Automaten
17. Die Kichererbse

18. Beides wiegt ein Kilogramm und ist somit gleich schwer
19. Nichts, denn 6:66 Uhr gibt es überhaupt nicht
20. Das "F"
21. Die Glühbirne
22. Auf einer Tafel Schokolade

Quellenverzeichnis

1) Planet Wissen, Julia Ucsnay (27.01.2020): Gedächtnis, URL: https://www.planet-wissen.de/natur/forschung/gedaechtnis/index.html (Stand: 01.09.2020)

2) Fragile, Annette Ryser: Wie funktioniert das Gedächtnis?, URL https://www.fragile.ch/gedaechtnis/wie-funktioniert-das-gedaechtnis/ (Stand: 01.09.2020)

3) Net Doktor, Dr. Eva Rudolf-Müller (15.05.2017): Gedächtnis, URL: https://www.netdoktor.de/anatomie/gehirn/gedaechtnis/ (Stand: 01.07.2020)

4) Das Gehirn: Das Gedächtnis - Massenspeicher im Gehirn, URL: https://www.dasgehirn.info/denken/gedaechtnis (Stand: 01.09.2020)

5) Das Gehirn, Tanja Krämer (31.08.2011): Wie Erlebnisse zu Erfahrungen werden - Das Gedächtnis, URL: https://www.dasgehirn.info/denken/gedaechtnis/wie-erlebnisse-zu-erfahrungen-werden-das-gedaechtnis

(Stand: 01.09.2020)

6) T-online: Vergesslichkeit: Ab wann ist es Alzheimer?, URL: https://www.t-online.de/gesundheit/krankheiten-symptome/id_42375436/mehr-als-vergesslichkeit-unterschied-zwischen-alzheimer-und-demenz.html (Stand: 01.09.2020)

7) Spiegel, Anne Otto (09.03.2018): Wer verblödet, ist selbst schuld, URL: https://www.spiegel.de/spiegel/gedaechtnistraining-wer-verbloedet-ist-selbst-schuld-a-1141021.html (Stand: 01.09.2020)

8) Agnes Boos (01.07.2018): Die 50 besten Spiele zum Gedächtnistraining mit Senioren

9) Neuronation: So funktioniert Gedächtnistraining, URL: https://blog.neuronation.com/de/so-funktioniert-gedaechtnistraining

10) Der Standard (18.07.2017): Kreuzworträtsel verjüngen Gehirn möglicherweise um zehn Jahre, URL: https://www.derstandard.de/story/2000061416538/kreuzwortraetsel-verjuengen-gehirn-womoeglich-um-zehn-jahre (Stand: 15.08.2020)

11) Welt Gesundheit, Mareike König (21.07.2017): Sieben Tricks, um geistig fit zu bleiben, URL: https://www.welt.de/gesundheit/article166892703/Sieben-Tricks-um-geistig-fit-zu-bleiben.html (Stand: 15.08.2020)

12) Warum Wieso, Karl Wintermann: 10 Gründe, warum Kreuzworträtsel so beliebt sind, URL: https://www.warum-wieso.de/top-10/gruende-warum-kreuzwortraetsel-so-beliebt-sind/ (Stand: 15.08.2020)

13) Welt Wissen, Sarah Maria Brech (11.12.2018): Kreuzworträtseln schützt vor geistigem Verfall - aber anders als gedacht, URL: https://www.warum-wieso.de/top-10/gruende-warum-kreuzwortraetsel-so-beliebt-sind/ (Stand: 15.08.2020)

14) Schule: Logicals, URL: https://www.schule.at/portale/volksschule/wochenthemen/detail/logicals.html (Stand: 01.09.2020)

15) Uni, Maximilian Reichlin (07.09.2014): Was ist Allgemeinbildung und wie kann man sie erwerben?, URL: https://uni.de/redaktion/allgemeinbildung (Stand: 01.09.2020) #Wasmitautos, Pinar Rey (20.06.2018):

Allgemeinbildung: Weshalb sie wichtig ist und wie man sie erweitert, URL: https://www.wasmitautos-blog.com/allgemeinbildung-weshalb-sie-wichtig-ist-und-wie-man-sie-erweitert/#:~:text=Allgemeinbildung%20ist%20wichtig%20%E2%80%93%20aber%20warum,mitreden%20und%20kn%C3%BCpft%20schneller%20Kontakte (Stand: 01.09.2020)

16) Karrierebibel, Jochen Mai (01.07.2020): Allgemeinwissen: Mehr als 125 Fragen und Antworten, URL: https://karrierebibel.de/allgemeinwissen/ (Stand: 01.09.2020)

17) Das will ich wissen: Warum ist Allgemeinbildung so wichtig?, URL: https://www.daswillichwissen.de/wissenswertes/warum-ist-allgemeinbildung-wichtig (Stand: 01.09.2020)

18) T-online, Sabine Meuter (12.02.2019): Mit diesen Übungen trainieren Sie Ihr Gedächtnis, URL: https://www.t-online.de/gesundheit/krankheiten-symptome/id_75654358/gedaechtnis-trainieren-uebungen-fuer-den-alltag.html (Stand: 01.09.2020)

19) Lernhelfer: Was ist Sprache?, URL: https://www.lernhelfer.de/schuelerlexikon/deutsch/artikel/was-ist-sprache (Stand: 01.09.2020)

20) Studienstrategie: Mythos Multitasking, URL: https://www.studienstrategie.de/konzentration/multitasking-mythos-5-techniken-und-die-wahrheit-ueber-effizienz-am-schreibtisch/ (Stand: 01.09.2020)

Impressum:

© Gehirnschmalz Profi´s 2020 1. Auflage
Alle Rechte vorbehalten.
Nachdruck, auch auszugsweise, verboten.
Kein Teil dieses Werkes darf ohne schriftliche Genehmigung des Autors in irgendeiner Form reproduziert, vervielfältigt oder verbreitet werden.
Kontakt: Andre Sierk / Bremer Straße 60 /10551 Berlin
Verlag: Independently published
Covergestaltung lauria, www.fiverr.com

Printed in Poland
by Amazon Fulfillment
Poland Sp. z o.o., Wrocław